SEJA
PROTAGONISTA

ALVARO FERNANDO

SEJA
PROTAGONISTA

ASSUMA O CONTROLE DA SUA VIDA E DA SUA CARREIRA

São Paulo | 2025

www.dvseditora.com.br

SEJA PROTAGONISTA

DVS Editora Ltda, 2025
Todos os direitos para a língua portuguesa reservados pela Editora.

Nenhuma parte deste livro poderá ser reproduzida, armazenada em sistema de recuperação, ou transmitida por qualquer meio, seja na forma eletrônica, mecânica, fotocopiada, gravada ou qualquer outra, sem a autorização por escrito do autor e da Editora.

Dados Internacionais de Catalogação na Publicação (CIP)
(Câmara Brasileira do Livro, SP, Brasil)

Fernando, Alvaro
   Seja protagonista : assuma o controle da sua vida e da sua carreira / Alvaro Fernando. -- São Paulo : DVS Editora, 2025.

ISBN 978-65-5695-146-1

1. Autoajuda 2. Autoconhecimento 3. Carreira profissional - Desenvolvimento 4. Liderança 5. Motivação 6. Protagonismo 7. Sucesso I. Título.

25-271684 CDD-158.1

Índices para catálogo sistemático:
1. Sucesso : Psicologia aplicada 158.1
Eliane de Freitas Leite - Bibliotecária - CRB 8/8415

Preparação e Revisão de Texto: Algo Novo Editorial
Design de capa: Rafael Brum
Projeto gráfico e diagramação: Renata Vidal
Imagens: Anne Mathiasz / Shutterstock (p.13); Ruhani Akter / Shutterstock (p.35); DivinHX / Shutterstock (p.47); elfinadesign / Shutterstock (p.67); troyka / Shutterstock (pp.95, 121, 165, 217); Surinder Ratti / Shutterstock (p.147); Suzy Design / Shutterstock (p.183); nurlankarimov99 / Shutterstock (p.199); kjpargeter / Freepik (p. 224)

Nota: Muito cuidado e técnica foram empregados na edição deste livro. No entanto, não estamos livres de pequenos erros de digitação, problemas na impressão ou de uma dúvida conceitual. Para qualquer uma dessas hipóteses solicitamos a comunicação ao nosso serviço de atendimento através do e-mail: atendimento@dvseditora.com.br. Só assim poderemos ajudar a esclarecer suas dúvidas.

SUMÁRIO

Antes de tudo, muito obrigado — 7

Prefácio — 9

Capítulo 1
PROTAGONISMO: O QUE EU TENHO A VER COM ISSO? — 13

Capítulo 2
É MELHOR SABER — 35

Capítulo 3
A VERDADE SOBRE SUAS DECISÕES — 47

Capítulo 4
ONDE VOCÊ ESTÁ? — 67

Capítulo 5
ENTENDA SUA TRAJETÓRIA E GANHE POTÊNCIA — 95

Capítulo 6
DO QUE VOCÊ PRECISA PARA SER FELIZ
– E QUANDO ISSO VAI ACONTECER? — 121

Capítulo 7
ENERGIAS E INTENÇÕES — 147

Capítulo 8
ESCOLHA SEU CAMINHO 165

Capítulo 9
TENHA UM POSICIONAMENTO 183

Capítulo 10
INÍCIO, MEIO E FIM 199

Capítulo 11
APROVEITE A VIDA COM BRILHO NOS OLHOS 217

ANTES DE TUDO, MUITO OBRIGADO

Este livro condensa, de forma real e lúdica, o aprendizado que colecionei de tantas relações de companheirismo e amizade. Agradeço a você que faz do mundo um lugar melhor, que entende que todos podemos ser protagonistas, cada um da própria história. É na costura dessas histórias que a vida se torna verdadeiramente valiosa! Portanto, muito obrigado, em primeiro lugar, a você que reconhece a si mesmo neste agradecimento.

Agradeço à DVS Editora, ao Alexandre Mirshawka e ao Sergio Mirshawka, pela motivação e confiança em meu trabalho com o lançamento de nosso segundo título juntos. Vocês são muito especiais!

Agradeço à Leny Kyrillos, pelo prefácio tão generoso e pela constante motivação em minha trajetória.

Agradeço ao Jayme Serva, Guilherme Camargo Bueno, Regina Faria e Marina Faria pelas leituras técnicas que deram direção a este *Seja protagonista.*

Agradeço àqueles que aceitaram o convite de fazer parte da obra, dividindo com o leitor não só ideias, mas sua forma de ver a vida: Pedro Luiz Tagliari, Gilberto Schiavinato, Kauê Mariano de Souza, Rosana Baron Zimmer Mendes, Lisandro de Almeida e Renan Dal Zotto.

Agradeço à Juliana Cury Rodrigues, da Algo Novo Editorial, pelo trabalho minucioso na melhoria e formatação do texto final.

Agradeço ao João Brandão, pela gestão de carreira antes e durante todo o processo de escrita e lançamento.

Agradeço a Willian Weigmann da W ao Quadrado pelo trabalho nas mídias digitais.

Agradeço a Manoel Cascão pela produção do texto de orelha.

Agradeço de coração: Alessandra Mayra, Andrea Odebrecht, Andrea Tagliari, Ari Lobo, Arte de Viver Florianópolis, Carol Bonini, Eduardo Bayeux, Evandro Baldin, Fernando Bittencourt, Fernando Manzeppi, Fernando Pureza, Gian Gadotti, Guilherme Carvalho, Jamil Ayde, João Brandão, Jordan Genehr Dorr, Josué R. Machry, Jussara Rovai, Marcelo Araujo de Almeida, Manoel Cascão, Mariana Cury, Monike Doll, Nilda Leite, Rafael De Alencar Lacerda, Rodrigo de Alcântara Gonçalves e Sandro Volpato Faria .

Agradeço aos que confiaram em mim e me contrataram para fazer palestras e compartilhar conhecimento em todas as regiões do Brasil.

Agradeço a minha família querida, que sempre me apoiou incondicionalmente. Amo todos vocês.

Dedico este livro a meus filhos: Marina Faria e Lucas Faria, os protagonistas do meu coração. Nem em sonho imaginei ter filhos tão maravilhosos como vocês.

PREFÁCIO

Por Leny Kyrillos

Que presente maravilhoso... Que experiência impactante! Ler o livro do querido e talentoso, nosso múltiplo, Alvaro Fernando me envolveu desde a primeira frase, a primeira provocação, o primeiro convite à reflexão.

A proposta da obra é inovadora e original. Por meio de uma combinação inteligente de conceitos da filosofia, da psicologia, da sabedoria oriental e das próprias vivências, Alvaro nos conduz a um olhar mais atento sobre as nossas emoções, decisões e, acima de tudo, sobre o impacto que cada escolha tem em nossa jornada. O autor nos convida a tomar as rédeas da própria vida e, com coragem e propósito, escrever a nossa história. Em um mundo no qual a pressa e a superficialidade muitas vezes ditam o ritmo das escolhas, este livro se torna uma grande inspiração para aqueles que buscam aprofundar seu entendimento sobre a verdadeira essência do protagonismo.

Tenho o privilégio de ser amiga do Alvaro. Li seu grande livro – *Comunicação e persuasão – O Poder do Diálogo –*, comentei sobre ele no meu quadro "Comunicação e liderança" – na rádio CBN –, e passamos a nos conectar e interagir, já que temos inúmeros interesses e motivações em comum. Falando em conexões, esse é um tema bastante discutido neste livro que está em suas mãos! Você sabia que as conexões são as grandes responsáveis pelos acontecimentos de nossa vida?

Como fonoaudióloga interessada em assuntos relacionados à comunicação e liderança, tenho a oportunidade de conhecer, estudar e me inspirar em pessoas que pesquisam, falam e escrevem sobre esses temas, seja de forma ampla ou abrangente. Como estudiosa da área, me deparo com pessoas que expõem suas ideias de diferentes formas. O Alvaro se destaca nesse meio por ter a capacidade de nos ensinar e nos inspirar por meio de uma comunicação transparente, simples, agradável e acessível – esse é o seu maior dom! Ele toca o coração do leitor e exemplifica na prática, com sua escrita sensível, aquilo que se propõe a ensinar. É um grande protagonista!

A comunicação é a nossa ferramenta mais íntima de expressão e liderança. Não há protagonismo sem consciência daquilo que somos capazes de comunicar – seja por meio de palavras, do tom de voz, da entonação, do ritmo, e até mesmo dos silêncios entre uma fala e outra. A voz é, na verdade, um reflexo da nossa presença no mundo. E é justamente nesse ponto que o Alvaro nos provoca: como podemos ser protagonistas se não estamos plenamente atentos às nossas próprias emoções, às nossas percepções e à maneira como nos expressamos?

Alvaro Fernando, autor desta obra, com muita sensibilidade e sabedoria, nos guia nessa jornada com um olhar profundo e acessível. O que mais me tocou foi uma das primeiras mensagens que o autor compartilha: "somos seres muito mais emotivos do que racionais". Quantas vezes tentamos controlar tudo, racionalizar demais, querer ter todas as respostas e soluções antes de agir ou de tomar uma decisão? A verdade é que as nossas emoções são a verdadeira força que nos move. E, em vez de tentar abafá-las, precisamos aprender a escutá-las, entendê-las e, assim, fazer escolhas mais conscientes e impactantes. Quando nos permitimos sentir sem bloqueios, nos tornamos seres humanos mais completos – e, sim, mais protagonistas da nossa própria história!

Alvaro nos traz dicas e insights para encontrar o nosso caminho, descobrir nossas paixões e, mais importante, abraçar nossas imperfeições. Sua proposta de percebermos a vida em camadas é simplesmente maravilhosa, rica. A vida é complexa, cheia de desafios e belezas que muitas vezes nos passam despercebidos. Cada camada da nossa história – desde a infância até a fase adulta – nos molda de formas que não imaginamos. Ao entender essas camadas, conseguimos nos olhar no espelho de uma forma mais ampla, mais completa. Isso, por sua vez, nos permite entender o nosso papel no mundo, o impacto que queremos causar e, claro, como nos tornar os protagonistas que somos capazes de ser.

Este livro é um convite para dar um grande passo e assumir a direção da sua vida. Não importa onde você está agora ou pelo que já passou, *Seja protagonista* é uma verdadeira injeção de ânimo e clareza para quem deseja viver de forma mais consciente, mais alinhada com o que realmente importa. Alvaro Fernando nos ensina que, para ser líder, pioneiro, visionário ou vencedor, é preciso, antes de tudo, ser autêntico e corajoso para fazer escolhas que ressoem no coração.

Então, se você está pronto para se lançar de cabeça na jornada do protagonismo, usufrua deste livro com boa vontade e esperança. Será uma leitura inspiradora, recheada de reflexões que vão tocar seu coração e te convidar a dar aquele primeiro e decisivo passo em direção à vida que você merece. Eu aceitei o convite, e agora te convido a se deleitar com essa experiência. Vamos juntos!

Muito obrigada, Alvaro Fernando!

Quando você liga para alguém e pergunta:

— E aí? Como vai a vida? O que tem feito?

A resposta quase sempre é:

— Estou na correria.

Se ligar alguns meses depois, ouvirá a mesma coisa.

Mas que correria é essa? Para onde estamos correndo, afinal?

1

PROTAGONISMO:
o que eu tenho a ver com isso?

SUBINDO AS ESCADAS

A nossa guia aparentava ter menos de 30 anos. Ela olhava para mim, com seus olhos bem azuis, naturais de Kiev, e seus cabelos cor-de-rosa, e dizia:

— Não podemos subir naqueles prédios. Mas, se vocês toparem, é possível subir neste aqui. — Apontando para um prédio residencial de dezesseis andares. — Podemos subir até o *rooftoop* e ter uma visão de toda a cidade e da central nuclear da usina de Chernobyl. Podem tirar fotos, mas não em que eu apareça. Precisaremos subir as escadas rapidamente, permanecer no topo durante três minutos cronometrados, e então retornar. Será um movimento rápido: subir, observar e descer, tudo feito discretamente, sem atrair atenção.

Durante as instruções, ela conversava ao celular, ao mesmo tempo informando-se sobre a posição de outros carros e monitorando a vigilância rigorosa. Fui revistado por soldados fardados três vezes durante essa visita.

A guia se destacava por sua maneira firme de falar e pelas unhas longas nas cores marrom e dourado. Vestia um casaco preto comprido que lhe cobria até a cabeça, uma necessidade contra o frio úmido e penetrante da manhã ucraniana.

— Se alguém não tiver preparo físico para subir e descer com velocidade, sugiro que fique na van para não comprometer os outros. Se alguém subir devagar, quando chegar lá em cima, já estará na hora de descer. Entenderam?

Ao chegar em Kiev, fui imediatamente confrontado com a realidade do conflito armado iniciado na invasão da Crimeia. Era uma situação surreal: em vários centros culturais e museus, havia câmeras instaladas, em tanques de guerra no front, transmitindo ao vivo os combates. A possibilidade de assistir à guerra em tempo real e, logo em seguida, sentar-se tranquilamente em um café para continuar o dia como se nada estivesse acontecendo era sobretudo contundente. Essa experiência destacava o absurdo da situação – algo que dificilmente poderíamos imaginar antes de testemunhar com nossos próprios olhos. A desconexão entre a brutalidade do conflito e a normalidade da vida cotidiana era algo que desafiava a compreensão.

É totalmente compreensível o fato de que aqueles que voltam de uma guerra não conseguem superar os transtornos a que foram expostos. Isso acontece também com jornalistas e fotógrafos que pensam estar preparados para cobrir tamanha tragédia e não superam aquilo que presenciaram pelo resto da vida.

Visitar o local do acidente de Chernobil me trouxe a fixação de três lições:

1. O quanto o homem consegue ser completamente irracional em suas decisões e, como consequência, em observar os resultados de suas escolhas.
2. Por mais que você leia e estude um local e sua história, tudo muda quando você vai até o lugar e pisa no solo, respira o ar e olha nos olhos de alguém passando na rua.

3. Todo o incidente aconteceu na cidade de Pripyat, a quatro quilômetros da cidade de Chernobil. Sim, a cidade onde está localizada a usina nuclear é Pripyat, fundada para abrigar os trabalhadores da usina e suas famílias.

Após o desastre nuclear ocorrido em 26 de abril de 1986, Pripyat e suas redondezas foram evacuadas devido à radiação, tornando-se uma área de exclusão. E não havia informações a respeito do que poderia estar acontecendo em Chernobil durante a guerra.

Por certo, a região continuava inabitada. O local conhecido como Zona de Exclusão de Chernobil era onde eu estava agora, sentindo um frio de rachar e um aroma de chuva e floresta, de vegetação com cheiro amadeirado, e prestes a subir correndo as escadas de um edifício.

Tínhamos descido da van havia poucos instantes e caminhado por dentro do que restara de uma escola, de um supermercado, de um parque de diversões e de um clube. Então, eu me movimentei um pouco e me alonguei. Andamos por onde o acesso era permitido e isso aqueceu meu corpo, o que me deu coragem para subir os dezesseis andares com velocidade.

Todos os oito estrangeiros que estavam na van aceitaram o desafio. Avaliando a aparência de cada um, percebi por que a guia estava confiante em sua decisão: nosso grupo era jovem e aparentava vigor físico, e era evidente a vontade de entrar no edifício e subir até o topo. Assim, todos descemos enquanto ela dava as ordens no rádio e fazia sinal para que a seguíssemos. Ela entrou no edifício e desapareceu rapidamente.

Em seguida, todos a seguiram. Começou então um grande barulho de passos nas escadas, de oito pessoas subindo em disparada. Eram umas dez horas da manhã, e a luz entrava pelas portas abertas dos apartamentos abandonados.

Quando passamos do sexto para o sétimo andar, comecei a me lembrar do que havíamos feito na noite anterior. Chegamos em uma cervejaria e nos ofereceram uma cerveja escura e forte. Fomos informados de que o bar já havia fechado, mas o garçom abriria uma exceção e serviria apenas aquela cerveja. As outras torneiras estavam encerradas; era aquela cerveja ou nenhuma. Ela foi servida em uma jarra de vidro sem espuma, e na mesa nós a dividíamos nos copos.

Para descrever a bebida, é melhor começar imaginando uma sopa, não uma cerveja. Era pesada, não muito gelada, com um sabor ao mesmo tempo adocicado e amargo, como sentimos em um chocolate amargo, e com gosto de pão.

Mas o sabor de uma cerveja também é influenciado pelo nosso astral, pelo local e com quem estamos. Portanto, aquela foi uma noite extraordinária. A cerveja desceu suavemente. Só que, na escada, ela estava conversando comigo. "Ei, lembra de mim? Sou aquela cerveja escura de ontem à noite. Nos conhecemos num bar que estava fechando. Tudo bem? O que você está fazendo?"

Meus companheiros de van subiram muito mais rápido do que eu esperava, e comecei a ficar para trás. No sexto andar, parei para puxar ar e entrei em um apartamento por alguns segundos. O tempo parou completamente, e eu fiquei congelado, olhando e sentindo onde estava: dentro de um apartamento abandonado onde vivia uma família de Chernobil, antes da explosão nuclear.

Reparei em um móvel com um telefone e um recado anotado em um papelzinho. *O que será que está escrito? Quão conflitante isso pode ser?* Me senti como se estivesse em um filme, então me veio um estalo de acordar e voltar a subir as escadas correndo.

A cada passo que eu dava, o dosímetro balançava no meu pescoço. Os dosímetros são usados como uma precaução importante, a fim de garantir que qualquer pessoa que entre na área esteja ciente dos níveis de radiação e possa tomar medidas para minimizar a exposição.

Esses dispositivos geralmente são usados pendurados no pescoço ou presos à roupa, para que possam ser facilmente monitorados e lidos durante a visita. Mais tarde, aprendi que os ambientes com maior nível de radiação não eram os urbanos, mas os campos verdes na natureza, onde havia restos de materiais radiativos pesados, enterrados pelos soviéticos.

Uma luz mais forte veio de cima. Havia uma escada de madeira que dava acesso a uma escotilha para o teto do prédio. Subi a escada, e todos estavam ali, olhando a cena. Um silêncio retumbante e a vista da cidade abandonada de Pripyat. Fiquei observando nossa guia ucraniana, seu olhar pensativo e sua imersão no que via.

Em seguida, ela mostrou que era possível enxergar a gigantesca antena Duga por onde havíamos passado na vinda. Ela narrou com riqueza de detalhes a história das pessoas que ali viveram, tanto as que construíram quanto as que mantiveram o local funcionando.

A antena Duga-3 tinha o objetivo de monitorar lançamentos de mísseis balísticos de longo alcance a uma grande distância, permitindo à União Soviética obter informações sobre possíveis ameaças nucleares vindas de outras partes do mundo, em especial dos Estados Unidos, durante a chamada Guerra Fria.

A Duga não era só gigante em altura, mas também em extensão, com 150 metros de altura e 750 metros de comprimento. Um projeto gigantesco e secreto da União Soviética que era cercado por um véu de mistério e sigilo. As pessoas envolvidas em seu funcionamento enfrentavam condições rigorosas de segurança, que podiam ser comparadas às de prisioneiros.

Uma das razões para tal sigilo era a natureza estratégica da antena, incluindo sua localização geográfica. A comunicação das pessoas que trabalhavam lá era severamente restrita. Embora pudessem receber cartas de familiares, que eram lidas por agentes de segurança, eram impedidas de responder, mantendo assim a total segurança do projeto.

Um fato intrigante na situação dos técnicos e engenheiros recrutados para a construção da antena Duga-3 era que, ao receberem o chamado para o trabalho, eles desconheciam o destino. Somente após estarem instalados eles descobriam estar envolvidos em uma tarefa da qual não poderiam mais retornar às suas vidas anteriores, marcando um compromisso perpétuo com o trabalho. Quando a nossa guia contava algo desastroso desse tipo, ela terminava as frases com a expressão "típico dos soviéticos", em tom de deboche.

A Duga-3 tinha como função principal detectar um possível ataque de míssil atômico americano e lançar uma resposta antes de ser atingida. Ela gerava um sinal que circundava o planeta inteiro e retornava da mesma maneira que tinha sido emitido. Se esse sinal voltasse alterado em relação ao formato original, soaria o alarme.

A guia de nome impronunciável explicou que um momento crucial na história da antena envolveu o dia em que o alarme soou, indicando a necessidade de lançar um contra-ataque, com mísseis direcionados aos Estados Unidos. No entanto, o diretor responsável pela decisão teve suspeitas quanto ao funcionamento e optou por não seguir o protocolo de defesa militar.

— Ele salvou o planeta de uma grande hecatombe nuclear, desconfiando corretamente do equipamento que apenas apresentava um distúrbio. Ele foi afastado e preso, em vez de ser condecorado — disse com um olhar profundo de desprezo e indignação. — Típico dos soviéticos.

O silêncio era retumbante e nada se movia na imagem bucólica da natureza retomando para si o espaço da cidade. Os quintais dos prédios e as ruas tinham plantas crescendo em todos os lugares. Fazia um dia bonito de sol depois de uma madrugada chuvosa e gelada.

Ela fez o sinal e descemos as escadas correndo. Dessa vez foi mais fácil acompanhar o ritmo do grupo. Mesmo assim, em um dos andares desapareci da fila, entrando novamente em um dos apartamentos. Mais uma vez, tive a sensação de congelar. Fiquei parado, como em um túnel do tempo, por alguns segundos, conectado com o lugar.

Em um piscar de olhos estávamos dentro da van andando pelas ruas, como se tudo tivesse sido uma ilusão.

As primeiras medidas de evacuação começaram em 27 de abril de 1986, cerca de 36 horas após a explosão. Naquela época, as autoridades evacuaram cerca de 49 mil pessoas da cidade de Pripyat. No entanto, a evacuação não foi anunciada como uma medida de emergência relacionada à radiação, mas sim como uma operação temporária para proteger as pessoas enquanto a situação era investigada. No dia seguinte, à medida que as autoridades compreenderam melhor a gravidade da contaminação radioativa, foi decidido evacuar permanentemente a cidade e outras áreas afetadas.

Uma grande frota de ônibus conduziu os habitantes. As pessoas foram informadas de que seriam retiradas de suas casas por apenas três dias e que poderiam levar consigo apenas itens essenciais. Durante a evacuação, foram instruídas a abandonar pertences pessoais e animais de estimação, uma medida que logicamente causou angústia entre os evacuados.

As autoridades soviéticas controlaram com força a divulgação de informações sobre o acidente. A mídia foi censurada e informações sobre a evacuação e a causa real foram minimizadas. Houve uma grande restrição nas informações dadas a todos. A restrição de bagagem e a falta de informações claras sobre a radiação contribuíram para um senso de confusão e desespero entre os moradores.

Após a saída de todas as famílias, uma área de exclusão foi estabelecida em torno da usina de Chernobil e da cidade de Pripyat, proibindo acesso público à região. A Zona de Exclusão permaneceu em vigor até antes do estouro da guerra, com algumas exceções para trabalhadores autorizados e visitas controladas.

Casas foram deixadas com pratos em cima da mesa, camas a fazer, todos os pertences largados. Depois de um tempo, haveria aqueles que pretendessem entrar clandestinamente na Zona de Exclusão, a fim de obter o que fora deixado para trás. No entanto, o fato é que qualquer coisa retirada de lá, como um tapete ou uma cadeira, levaria consigo a radiação. Aqueles que saíram de lá nunca mais voltaram, e deixaram tudo o que tinham. Pripyat transformou-se nesse retrato do que a radioatividade descontrolada é capaz de fazer.

O que me marcou na subida ao *rooftop* do edifício não foi a vista lá de cima, nem mesmo a visão da usina, de toda cidade ou da antena Duga-3. Foram aqueles segundos em que entrei nos apartamentos.

Uma sensação de conexão com as pessoas que moraram ali.

Quando a gente faz uma viagem como essa, atraído pelo desejo do conhecimento, não sabe ao certo o que vai aprender. É uma busca pelo desconhecido.

E eu sei que iniciar um livro sobre protagonismo com uma história dessa magnitude pode, à primeira vista, parecer desconexo. Contudo, conforme a narrativa se desenrolar, é possível que essa experiência se transforme em uma espécie de fábula, embora seja uma história real...

MUDANÇA DE PLANOS

Há mais de quinze anos estudo a filosofia oriental, especialmente ligada aos conhecimentos da yoga. A maneira didática com que o hindu aborda assuntos complexos e os torna mais simples e compreensíveis é através de fábulas. As fábulas são sempre interessantes por si sós, mas quando nos é ensinado o que podemos aprender por meio delas, tornam-se inesquecíveis.

Dessa viagem à Ucrânia, eu voltaria ao Brasil para arrumar minhas coisas e seguir rumo a um *ashram* em Bangalore, a fim de continuar meus estudos sobre o conhecimento oriental. *Ashram* é um termo originado da cultura e tradição espiritual da Índia, geralmente referindo-se a um local onde indivíduos podem se dedicar à prática espiritual, ao estudo, à meditação e à busca de autoconhecimento. Tradicionalmente, os *ashrams* são liderados por um guia espiritual, um guru ou mestre, que orienta os seguidores em sua jornada.

Os *ashrams* podem variar em tamanho e natureza, de pequenos locais isolados no campo até instalações maiores em áreas urbanas. Eles geralmente oferecem um ambiente de vida comunitária, onde as pessoas podem viver, estudar e praticar juntas, com o propósito de aprofundar sua compreensão e crescer pessoalmente.

O Art of Living International Center, para onde eu me dirigia, é um dos maiores e mais conhecidos *ashrams* da Índia, atraindo pessoas de todo o mundo interessadas em explorar técnicas para reduzir o estresse e melhorar a qualidade de vida. Além de oferecer cursos de meditação, respiração, yoga e autoconhecimento, o *ashram* também é famoso por sediar eventos e celebrações especiais, como conferências, retiros, festivais e programas de voluntariado. O local possui mais de quatro mil leitos.

Inicialmente, eu faria um curso de um mês, focado em mantras e conhecimento. Eu estava indo com apenas a passagem de ida. Minha meta era trabalhar no *frontdesk* por um período indeterminado, com o auxílio da minha amiga Marceli, que já morava no *ashram* há alguns anos e estava me incentivando e organizando minha ida.

Marceli possui uma agência de viagens para a Índia – @vemviverindia –, que é conhecida entre os voluntários da Art of Living. Foi ela quem me enviou uma mensagem no início da pandemia, quando eu ainda estava na Ucrânia. Como você deve se recordar, nos primeiros meses do covid-19 não tínhamos a menor ideia da profundidade do que estava prestes a acontecer. Eu ficava confuso ao assistir a vídeos de especialistas fazendo prognósticos totalmente opostos.

— Oi, Álvaro, tudo bem? Você já comprou sua passagem? Se ainda não comprou, não compre. Essa questão da pandemia vai fechar o *ashram*. Em poucos dias, fechará para estrangeiros e, em breve, fechará também para os indianos.

Perceba que, nesse momento, desmoronou um plano gigantesco que eu tinha cuidadosamente organizado. Não foi uma decisão tomada da noite para o dia, se é que posso chamar de decisão. Talvez seja mais apropriado usar um destes termos: caminho, destino, futuro, direção, profissão, carreira, vida...

Dentro do apartamento em Pripyat, no meio da agitação das escadas, eu imaginava a vida daquelas pessoas que deixaram suas casas com a intenção de voltar em um fim de semana, mas que nunca mais retornaram. Essa reviravolta foi mais do que uma simples alteração de planos; foi uma transformação profunda, muito além do que o mero cancelamento de minha viagem sem volta ao Oriente poderia sugerir.

E agora eu pergunto: como tem sido afetada a sua vida, o seu caminho, a sua profissão e o seu futuro? Tudo isso tem sido moldado por essas ondas de ineditismo dos acontecimentos que nos surpreendem? Qual memória salta à sua mente quando pensa em algo que alterou drasticamente o curso da sua vida?

Talvez tenha sido a perda de uma pessoa querida, o fim de um emprego, o escapar de uma oportunidade, um revés inesperado, ou aquele momento decisivo em que uma única escolha mudou completamente a direção dos acontecimentos. Você percebe a força desses movimentos, que moldam trajetórias independentemente de nossa vontade?

Todos os dias nos deparamos com o imponderável sem perceber, não é verdade? Uma festa à qual você não compareceu e que poderia ter proporcionado o encontro com a sua alma gêmea. Será que algo assim aconteceu?

O fato é que retornei ao Brasil e, vindo da Europa, eu representava risco de contaminação. Portanto, fiquei um longo período em confinamento em um apartamento no bairro Paraíso, em São Paulo, com meu filho Lucas, que chegou da Europa dois dias após minha chegada e foi o responsável por minha viagem à Ucrânia.

E agora, o que fazer da vida? Qual caminho seguir?

Há seis anos, já havia adotado um estilo de vida nômade devido à minha profissão de palestrante. Quando comecei essa jornada, meu objetivo era viajar por todas as regiões do Brasil. E ao concretizar essa missão, descobri a necessidade de me tornar não apenas nômade, mas também minimalista.

A palavra *minimalismo*, assim como *protagonismo*, pode ter muitos significados, como exploraremos neste livro. Para mim, o minimalismo significava que, se minha meta era viajar pelo mundo, era importante não ter um caminhão de coisas para carregar ou cuidar. Adotei o minimalismo não como uma filosofia de vida anti-materialismo ou anti-consumismo. Para mim, não significava "não gostar de coisas", mas sim estar leve o tempo todo, a fim de continuar viajando.

No início, eu dava palestras no Rio de Janeiro e retornava para São Paulo. Ou então uma palestra em Porto Alegre, que também resultava no retorno a São Paulo. O mesmo acontecia com uma palestra em Gramado. Em determinado momento, quando o espaço entre as palestras começou a diminuir, decidi permanecer onde estava. Sempre me afastando dos grandes centros, ficando em cidades vizinhas e perto da natureza.

A ascensão da economia compartilhada introduziu, entre outras inovações, o Airbnb, oferecendo uma alternativa para quem deseja viajar sem se limitar à hospedagem tradicional em hotéis. Optar por essa modalidade pode revelar-se extremamente vantajoso e econômico. O Airbnb oferece a possibilidade de se hospedar na casa de pessoas em vez de em um espaço inteiro só para você. O que, a princípio, pode parecer apenas uma diminuição nos custos, para um olhar mais atento significa conhecer pessoas e adaptar-se a diversas situações, em vez de se instalar em um quarto de hotel com ar-condicionado e TV a cabo.

Voltando à pandemia, com ela todos os congressos e convenções foram cancelados, e a ordem do dia era o *lockdown*. Eu não iria a Bangalore e, na verdade, não iria a lugar nenhum. Vagar por aí era exatamente o que as autoridades médicas recomendavam não fazer.

Para quem não está familiarizado com a vida de palestrantes, imagine que há um circuito de congressos e convenções que ocorre todos os anos. Assim, é natural estarmos viajando de um lado para outro. O Congresso Brasileiro de Treinamento e Desenvolvimento, por exemplo, organizado pela ABTD, estava em sua 38ª edição e, naquele momento, seria online. O mundo se tornou virtual.

A realidade é que eu já estava bastante presente na internet. Por anos, mantive minhas páginas e as atualizava com postagens semanais. Além disso, compartilhava minhas viagens no

Instagram com a hashtag #palestrantenaestrada e contava histórias mais longas, bem como postava palestras completas, no meu canal no YouTube.

O *lockdown* fez com que todos aderissem rapidamente ao mundo online, e em questão de semanas, uma avalanche de cursos inundou as redes sociais. As pessoas ensinavam como enriquecer, como gerar renda de seis dígitos em sete dias, como conseguir empregos, como ter sucesso, como prosperar na bolsa de valores, como ganhar muito dinheiro em cassinos, como ter sucesso no poker, como viver no "novo normal".

Foi uma explosão de infoprodutos e cursos online de todos os tipos, sempre ancorados na ideia de "como enriquecer" usando o marketing digital. Milhares de aulas eram ministradas por pessoas que não haviam alcançado a riqueza através do marketing digital, mas que mesmo assim ensinavam aos outros como fazer o que elas mesmas não conseguiram.

A comunicação entre as pessoas, que é uma das capacidades mais preciosas que temos, compartilhar emoções e sentimentos, parecia se limitar no mundo digital à possibilidade de ludibriar e enganar aos outros. Assim, em pouco tempo, as redes sociais se tornaram um ambiente inóspito para mim. Interrompi o trabalho que estava realizando digitalmente com uma agência especializada e comecei a repensar minha presença online.

Um olhar claro me mostrou que meus caminhos haviam momentaneamente diminuído, a pandemia trouxe severas restrições e perdas irrecuperáveis. Por outro lado, apareceram algumas propostas interessantes de trabalho, algumas que sigo fazendo até hoje. Um nível de aprendizado gigante se abriu a minha frente dada a mudança completa de horizontes e perspectivas.

Dentre os convites que recebi, um deles foi uma proposta incrível de fazer um curso sobre protagonismo, algo que não seria vendido pela internet. Um produto B2B, oferecido exclusivamente dentro das empresas. O convite era do Ricardo Uchoa, CEO da Revvo, uma das maiores empresas nacionais de aprendizado online, que vinha propondo cursos mais despojados para treinamentos e desenvolvimento em grandes organizações.

Foram oito aulas gravadas sobre protagonismo, produzidas e envelopadas pela Revvo. Com ilustrações, animações e avaliações. O curso fez e continua fazendo muito sucesso. Logo no primeiro mês, já estava entre os mais vendidos da Revvo.

Eu já fazia palestras sobre protagonismo havia mais de cinco anos. No entanto, decidi revisitar e atualizar minhas concepções antes de iniciar a gravação do curso. Para isso, compilei uma lista de indivíduos notáveis, que variavam de CEOs de grandes corporações até estudantes de administração, e entrei em contato com eles a fim de compreender suas percepções sobre o que significa ser um protagonista. A lista abrangia também atletas, medalhistas olímpicos, técnicos de equipes nacionais, empreendedores, profissionais autônomos, navegadores e servidores públicos.

Direcionei minhas perguntas especificamente para entender o comportamento que nos impulsiona a atingir nossas metas mais ambiciosas. Como nos tornamos protagonistas?

O protagonismo denota o desempenho de um papel principal em determinada situação, evento, narrativa ou contexto. Ser protagonista implica assumir uma posição de liderança e ação, em contraste com o papel de mero espectador ou elemento passivo.

É interessante perceber que, apesar de o protagonismo se expressar quando exerce impacto sobre o meio em que estamos inseridos, a palavra parece tratar de algo que está mais dentro do que fora. Percebe?

O SIGNIFICADO

O objetivo deste livro é transformar a maneira como você enxerga e se relaciona com aquilo que há de mais importante em sua vida, aquilo que pode estar encoberto por esse mundo em que somos consumidos por uma enxurrada de oportunidades e falsas oportunidades.

Quando perguntei à minha lista de pessoas interessantes o que é o protagonismo, confirmei mais uma vez aquilo que escrevi sobre o universo compartilhado em meu livro *Comunicação e persuasão: O poder do diálogo* (DVS, 2016): a importância do significado das palavras.

Recebi respostas bastante diferentes a respeito do que é o protagonismo. E as dividi em cinco grupos.

1. Para alguns, o protagonista é aquele que assume um papel de liderança de um grupo. O líder é a pedra preciosa do mundo organizacional; as empresas vivem garimpando, à procura de pessoas que queiram assumir com destreza a responsabilidade por um grupo de pessoas. Um líder.

2. Para outros, o protagonismo está relacionado com aquilo que costumo chamar de pioneirismo, capacidade de inventar, ser criativo e andar um passo na frente. Fazer primeiro que os outros. Um pioneiro.

3. Há os que acreditam que o protagonista não é o que cria e inventa, mas o que é capaz de enxergar as boas invenções e utilizá-las. Aquele que consegue ter uma visão mais clara do futuro e perceber como fazer parte dele. Um visionário.

4. Para determinado grupo, o protagonismo estaria mais ligado à figura do herói, de ser corajoso e enfrentar as situações sem se enfraquecer. Demonstrar segurança nos momentos mais agudos e difíceis. Um corajoso.

5. Por fim, me disseram que o protagonista é, antes de tudo, um vencedor. Aquele que consegue encontrar o caminho para a vitória. O protagonista é aquele que vence sempre, capaz de cumprir metas e conquistar resultados. Um vencedor.

Como você pode ver, as pessoas têm percepções diferentes sobre o significado da palavra.

Quando faço palestras sobre comunicação dentro de empresas, invariavelmente peço a todos que pensem em um sorvete. Coloco a palavra sorvete escrita na tela e pergunto se todos sabem o significado. Quase sempre, recebo um retumbante "sim" como resposta. Dou alguns segundos para que cada um imagine o seu sorvete e, em seguida, coloco uma foto na tela. Pergunto se foi nisso que pensaram e a expressão de todos é um claríssimo "não".

Então, passo progressivamente fotos de sorvetes e peço que as pessoas balancem negativamente a cabeça se aquele não for o sorvete que imaginaram. Em uma sequência de dez imagens, entre deliciosas fotos de sorvetes de massa e picolés de diferentes cores, texturas e formatos, fica patente como uma palavra simples como "sorvete" pode significar um monte de coisas.

Em seguida, peço que as pessoas pensem na palavra "espiritualidade", e todos entendem aonde pretendo chegar. Assim, abrimos o caminho da percepção de como funciona a nossa comunicação no dia a dia.

O conhecimento das palavras amplia a possibilidade de pensar, e não apenas de se expressar.

O tema protagonismo é considerado complexo por causa das várias camadas de significado e das nuances que envolvem esse conceito. O protagonismo não se limita a simplesmente assumir um papel de destaque ou controle; ele se estende a uma série de fatores interconectados.

Para entender esses fatores, trarei ao longo dessas páginas alguns conceitos que vão de encontro a aquilo que o leitor considera "líquido e certo", suas "crenças absolutas". A busca pelo tema protagonismo é comum a aqueles que pretendem mudar algo em sua trajetória.

Mas perceba que é impossível mudar sem mudar de verdade. É comum encontrar aqueles que pretendem agir de forma diferente, mas não querem renunciar a seus conceitos sobre si e a forma como encaram o mundo, suas fontes de informação, suas referências, percepção de valores, definição de objetivos, percepção de realidade, sentidos físicos, entendimento de emoções, processamento sensorial, experiências passadas e memórias...

Aqui eu reuni tudo aquilo que aprendi em minha trajetória e com centenas de entrevistas com profissionais de alta performance. Você vai entrar em contato com um conceito que trata sobre as diversas camadas que podem transitar entre o mais profundo – que é aquilo que há de mais precioso e essencial em você – e o mais pragmático – como a gestão de tempo ou o desenho e cumprimento de uma estratégia.

A dinâmica deste livro alterna histórias do dia a dia e a exposição de ideias que trazem conceitos e ferramentas. Mas todas as narrativas e personagens que aparecem têm um motivo objetivo especial para estarem aqui. Existe uma conexão entre todas as histórias, no sentido de conduzir o leitor ao desenvolvimento e aprendizado de uma maneira leve, em forma de entretenimento. Não se preocupe em fazer uma conexão imediata entre os acontecimentos, isso ocorrerá naturalmente, com uma forma mais profunda de internalização.

Neste livro, você entrará em contato com diversos conceitos importante para enfrentar os desafios da vida moderna. Entre eles, eu destaco três pontos:

1. A percepção de que somos muito mais emotivos do que racionais, que fazemos nossas escolhas pautados em emoções e utilizamos a lógica para justificar nossas decisões.

2. A consciência de que nossa trajetória escolar não nos prepara completamente para enfrentar o mundo que encontramos na fase adulta.

3. A noção de que nossa existência deve ser entendida por percepções em camadas. Esse aspecto vai aparecer regularmente durante os capítulos, mas não se prenda à ideia de que é preciso um entendimento específico de tal conceito. Deixe o livro fluir de maneira leve, e a noção de entendimento em camadas vai se formar aos poucos. Não se preocupe em entender, e de forma sutil isso vai acontecer, pois é uma compreensão pessoal e particular de cada um, em sua experiência única de ser.

Ao final de cada capítulo, você vai encontrar os "Destaques para o protagonista". Eles têm a função de recapitular elementos que foram tratados nas últimas páginas, mas não procure memorizá-los, isso não é importante. Eles serão muito úteis para que você possa revisitar o livro e procurar passagens de seu interesse no futuro. Ao mesmo tempo, os destaques formam uma lista poderosa de orientação que estará sempre à sua disposição de forma organizada e clara.

Algo que certamente vai acontecer é que haverá coisas com as quais você não vai concordar de imediato. Esse é o exercício. É impossível mudar sem mudar de verdade. E isso é algo que vai acontecer agora, já no próximo capítulo.

Vamos nessa?

DESTAQUES PARA O PROTAGONISTA

1. O objetivo deste livro é transformar a maneira como você enxerga e se relaciona com aquilo que há de mais importante em sua vida, e que pode estar encoberto por esse mundo em que somos consumidos por uma enxurrada de oportunidades e falsas oportunidades: as suas escolhas.

2. Ao serem indagadas, as pessoas tendem a interpretar o termo *protagonista* de maneiras distintas. Saiba quais são as concepções mais comuns:

PROTAGONISTA COMO LÍDER: Assume o papel de liderança dentro de um grupo.

PROTAGONISTA COMO PIONEIRO: Relaciona-se com a capacidade de inovação, criatividade e estar à frente.

PROTAGONISTA COMO VISIONÁRIO: Não necessariamente cria ou inventa, mas reconhece e aproveita invenções e ideias criativas.

PROTAGONISTA COMO CORAJOSO: Herói, enfrenta adversidades sem se abalar, demonstrando segurança em momentos críticos.

PROTAGONISTA COMO VENCEDOR: Alguém que encontra caminhos para o sucesso, alcançando metas e conquistando resultados.

3. Qual memória salta à mente quando você pensa em algo que alterou drasticamente o curso da sua vida? Talvez tenha sido a perda de uma pessoa querida, o fim de um emprego, o escapar de uma oportunidade, um revés inesperado, ou aquele momento decisivo em que uma única escolha mudou completamente a direção dos acontecimentos. Você percebe a força desses movimentos, que moldam nossa trajetória independentemente de nossa vontade?

*Você e eu somos preponderantemente emotivos.
Tomamos decisões baseadas em sentimentos e
recorremos à razão para justificar nossas escolhas.*

2

É MELHOR SABER

CRENÇAS QUE GRUDAM COMO CHICLETE

A sede da Sociedade Brasileira de Programação Neurolinguística (PNL) ficava em uma casa maravilhosa em São Paulo, exatamente em frente ao Parque Ibirapuera. Uma casa espaçosa e aconchegante para superar as expectativas dos mais exigentes.

A Programação Neurolinguística é uma abordagem que investiga a interligação entre os processos neurológicos, a linguagem e os padrões comportamentais adquiridos por meio de nossas vivências. O primeiro módulo, conhecido como *Practitioner*, concentra-se na identificação de nossos potenciais internos e na aquisição de ferramentas que facilitam a realização de objetivos de vida. Essas ferramentas têm como foco observar o processo de linguagem e comunicação, a percepção individual, a capacidade de mudança e de crescimento, bem como a conexão entre estados mentais e emocionais, autocompreensão e autodomínio.

Já o módulo master é o que mais nos interessa nesse momento, pois visa explorar e proporcionar ferramentas avançadas para mudanças generativas e evolutivas. Ele busca nos alinhar com os valores e crenças mais significativos.

Eu estava me formando um master em PNL, terminando um curso de dez encontros presenciais, uma imersão ao universo da PNL das 9h às 17hs, aos sábados e domingos. O curso proporcionava uma interatividade intensa, e eu me esforçava ao máximo para tirar proveito dos momentos em que estávamos em uma configuração de sala de aula, absorvendo as explicações dos conceitos fundamentais. A maior parte do tempo era dedicada à realização de exercícios em duplas ou grupos, aplicando o que fora aprendido. Isso tornava a experiência muito envolvente e interessante.

Gostaria muito de reviver uma tarde como aquelas que desfrutamos durante o curso, na companhia de excelentes colegas. Durante os encontros, explorávamos toda a casa, que tinha portas e grandes paredes de vidro que nos conectavam a um adorável jardim.

Nenhuma outra experiência de aprendizado me proporcionou tantos exercícios em grupo, além da oportunidade de compartilhar experiências pessoais profundas, desafios individuais, preocupações, arrependimentos e ansiedades sobre o futuro com meus colegas de maneira técnica e profissional. Sou muito grato a Gilberto Cury e à SBPNL por me abrirem essa porta de conhecimento.

Essa vivência foi intensa. Durante os finais de semana do curso, estávamos completamente imersos no assunto. De maneira simplificada, passávamos a maior parte do tempo analisando e descontruindo nossas crenças limitantes sob diversas perspectivas.

Éramos um grupo composto de cerca de 25 pessoas, a maioria com sólida carreira profissional, todas em busca de novas ferramentas e conhecimentos. Muitos líderes de equipes participavam do curso a convite de suas organizações, visando um aprendizado avançado e aprimoramento de desempenho.

A intensidade dos exercícios exigia um alto nível de comprometimento e criava uma grande cumplicidade entre os colegas. Os participantes compartilhavam seus maiores medos, problemas familiares, relações complexas, fraquezas, vícios e desamores.

Havia um foco individual de cada um durante todo o curso, de maneira que eu tinha uma colega que acreditava piamente que nunca conseguiria emagrecer. Ela não era uma pessoa acima do peso, ou se fosse, o sobrepeso não era uma característica perceptível. Mesmo assim, para ela isso era um grande incômodo. Convivia com essa questão há anos, uma pessoa madura, saudável, segura de si, alto astral e simpática, mas com esse ponto que a incomodava.

É muito preciosa a possibilidade de fazer um estudo assim em grupo, em clima de autodesenvolvimento conjunto. Assim, conheci um outro companheiro que acreditava com todas as forças que era incapaz de falar em inglês. Perceba que essa é uma crença que o impedia de seguir adiante em sua carreira dentro de uma multinacional, à qual ele tinha dedicado a parte mais fértil de sua vida profissional.

Um outro exemplo é de uma pessoa que tinha certeza de que destruía propositalmente todos os seus relacionamentos amorosos. Segundo ela, era uma tendência de autoboicote impossível de controlar. E sim, ela acreditava nisso de verdade.

Você é capaz de sentir a profundidade desses sentimentos? Fala-se tanto em empatia nos dias de hoje. Você é uma pessoa empática? A empatia é a capacidade de compreender e compartilhar sentimentos, perspectivas e experiências emocionais de outra pessoa. É a habilidade de colocar-se no lugar de alguém, imaginando como essa pessoa se sente e vendo o mundo a partir de tal perspectiva. A empatia implica um sentimento genuíno de se conectar emocionalmente com o que o outro está passando. Você consegue se imaginar culpando-se pelo fim de todos os seus relacionamentos?

O mais interessante é que, fazendo os exercícios com meus companheiros, eu tive a percepção de que aquilo que me era relatado não estava acontecendo. "Como assim?"

Bom, a pessoa me contava sobre o fim de seus relacionamentos com histórias bastante comuns a qualquer outra pessoa. Ela não tinha, a meu ver, culpa nenhuma, nem estragado nada. Ela acreditava em algo que, para mim, não parecia existir.

O profissional que não conseguiria falar em inglês tinha alcançado todos os seus objetivos mais significativos – bem-sucedido profissionalmente, debatedor, extrovertido, claro e erudito na linguagem. Quando perguntado se tinha vontade de ir ao exterior passar um tempo em uma imersão de inglês, ele apenas dizia que não tinha certeza se era uma boa ideia, pois não iria funcionar. Ou seja, ele não se negava a ir nem comprava a ideia, apenas rodeava o assunto. Ele acreditava mesmo que não aprenderia inglês, apesar de todos os fatos mostrarem que ele obviamente voltaria de lá falando inglês.

E eu, que vivia com uma agenda lotada de compromissos em minha carreira de compositor de trilhas sonoras, especificamente junto a agências e produtoras da cidade, acreditava que meu sonho era morar fora de São Paulo, mas que eu nunca conseguiria alcançá-lo. O que será que pensavam de mim?

Segundo a PNL, crenças são generalizações sobre causas, significados e limites: no mundo ao nosso redor, nos comportamentos específicos, nas nossas capacidades e na identidade. Ao me formar master pela SBPNL aprendi a grande dificuldade que enfrentamos: nos livrar de uma crença que nem gostaríamos de ter, para início de conversa.

É como se fôssemos capazes de pegar a crença em nossas mãos e, como um chiclete, ela grudasse e não saísse de jeito nenhum. Não importa o que você faça, a crença continua lá.

O DESAFIO DA CRENÇA

Vamos lá, chegou um momento de grande emoção no início deste livro. Diminua o ritmo da leitura. Respire de modo profundo e me responda a seguinte pergunta:

Considerando a dificuldade que enfrentamos para abandonar crenças que desejamos deixar para trás, qual é a probabilidade de conseguirmos nos livrar de crenças que nem consideramos limitantes?

Ou seja, se enfrentamos tanta dificuldade para nos libertar de crenças limitantes que queremos muito abandonar e que nos causam desconforto, e já percebemos isso, qual é a probabilidade realista de nos livrarmos de crenças limitantes que, aparentemente, não nos incomodam?

Não tenho dúvidas de que você, leitor, que me acompanhar nesse mergulho – que começa tratando de nossas crenças e termina lá na frente, na realização de nossas estratégias –, vai mudar completamente sua maneira de pensar e agir, tomando o leme da vida na mão.

O hinduísmo aponta a ignorância como principal causa da infelicidade, comparando-a a uma placa de trânsito que nos leva ao descontentamento, e exemplifica isso através de situações cotidianas: beber água achando-a pura quando não é; esperar satisfação em uma viagem que acaba por decepcionar completamente; rejeitar um emprego que, na verdade, seria excelente; ou não seguir um conselho que traria grande felicidade. Essas situações ilustram o sofrimento gerado pela ignorância, evidenciando como a falta de conhecimento verdadeiro afeta a felicidade.

Existe um autor que é uma forte referência para o meu trabalho e que vai além nesse sentido. Ele dedicou a vida a revelar a quantidade de coisas erradas que são reconhecidas como certas.

Há uma frase emblemática em que ele diz: "Ainda é melhor não saber do que saber errado".

Hans Rosling foi um renomado médico, estatístico e professor sueco. Ele se tornou amplamente conhecido por seu trabalho de divulgar dados e estatísticas globais de maneira acessível e envolvente, a fim de combater noções equivocadas sobre questões globais, como saúde, população e desenvolvimento. Foi um defensor da análise baseada em dados para entender o mundo e superar preconceitos e estereótipos. Ele fundou a organização sem fins lucrativos Gapminder, que se dedica a fornecer informações e ferramentas para ajudar as pessoas a entenderem as mudanças globais por meio de visualizações de dados interativas.

Rosling também deu várias palestras, nas quais ele usava gráficos tridimensionais e visualizações de dados para mostrar como a realidade global estava mudando, muitas vezes de maneira mais positiva do que as percepções populares indicariam. Sua abordagem otimista e baseada em evidências para entender questões globais ganhou atenção e respeito em todo o mundo. Aliás, se você não leu o livro *Factfulness* (Record, 2019), recomendo fortemente que o faça. Você vai se surpreender com o quanto os vencedores do Prêmio Nobel, ou os professores das melhores universidades da Suécia, do Reino Unido ou da França, respondem incorretamente questões sobre o que acontece no mundo.

Peço, agora, dois minutos da sua atenção, na esperança de que possamos temporariamente colocar nossas crenças de lado e evitar que elas se tornem barreiras entre nossos pensamentos. Neste livro, vamos deixar de lado o que "sabemos de errado".

Precisaremos de um pequeno esforço adicional para nos levar até o topo de uma colina, que proporcionará uma vista gratificante. Assim como em passeios e trilhas, há momentos em que enfrentaremos os desafios de subir a montanha e alcançar o topo.

Em algumas ocasiões, pode nos passar pela mente a ideia de desistir e descer de uma vez, pensando que tudo estará resolvido. Mas o que dizer da vista que eu esperava contemplar lá do alto?

O desejo de apreciar a vista motiva nossa escalada ao cume da montanha, assim como nos guia na leitura. Então, agora, respire profundamente, como alguém que sobe as escadas de um prédio de dezesseis andares em Chernobil, e me acompanhe pelo conceito importante deste livro.

PROTAGONISTA INTERNO-EXTERNO

Um protagonista é caracterizado por suas ações e atitudes externas, que, por sua vez, são influenciadas por seu desenvolvimento interno. No entanto, a confirmação de sua posição como protagonista só ocorre após a manifestação externa desse desenvolvimento interno. Portanto, o protagonista só pode ser reconhecido como tal quando sua natureza for demonstrada, resultando em um ciclo paradoxal de dependência entre definição e confirmação.

Imagine um personagem destinado a ser o protagonista de uma história. O status de protagonista está intrinsecamente ligado às motivações, aos desejos e aos conflitos pessoais desse indivíduo. O que o transforma em protagonista é uma consequência direta desses aspectos internos.

Entretanto, essa natureza de protagonista só se manifestará de verdade por meio de suas ações e atitudes externas na trama. Ele toma decisões, enfrenta desafios, evolui e, ao fazer isso, confirma-se como o protagonista da história.

Esse conceito nos faz refletir sobre a complexidade das histórias, da construção de personagens e da maneira como interpretamos o papel dos protagonistas. Também destaca como as interações entre aspectos internos e externos podem criar situações intrigantes que desafiam nossa compreensão convencional.

Chegou até aqui? Ótimo!

Este é aquele momento em que você visualiza o topo da montanha e precisa só ganhar mais alguns metros. Vamos lá. Vou dar 100% de mim para que você não entre em rota de colisão com crenças importantes.

JORNADAS COMPLEXAS

Uma grande parte da nossa vida é passada nas escolas, onde são criadas recordações valiosas, incluindo professores queridos e amizades fundamentais. Com isso em mente, quero destacar um paradoxo significativo, o do ensino.

O ponto central que contrasta essas ideias reside na compreensão do conceito de inércia, a condição em que se encontra o conteúdo escolar atualmente. Quando examinamos o caderno de um adolescente hoje, e observamos o que está sendo estudado, fica evidente uma grande desconexão com a vida desse jovem. É cruel.

O fato é: mudança após mudança, os resultados do nosso sistema educacional são pífios. A imensa maioria dos estudantes não estabelece uma conexão clara entre o que aprende na escola e a vida real. Por quê? Talvez porque não haja mesmo essa conexão, ou haja em uma parte muito pequena do que supostamente se aprende, das horas gastas nesse aprendizado. O problema não é o que está no currículo, mas o que não está.

ONDE ESTÁ O EQUÍVOCO?

Logo que iniciou seus estudos, você aprendeu que o ser humano é um animal racional, certo?

Esse conceito parece bastante confiável, especialmente quando nos comparamos com um cachorro, um lagarto ou um urso. O problema é que criamos a convicção de que somos essencialmente racionais, de que a racionalidade é nossa principal característica. Mas será que somos mesmos esses seres puramente racionais?

Essa questão vai complicar uma grande quantidade de entendimentos sobre si e sobre os outros. Eu, por exemplo, nunca tive uma aula sequer sobre emoções em toda a minha trajetória escolar, nem uma única aula, em contraste com as milhares de aulas de português ou matemática.

Toda essa exposição inicial que apresentei até aqui, que abrange temas como crenças, limites, inércia, empatia, entre outros, visa suavizar o processo de desmontar uma noção que foi profundamente enraizada em você. A noção de que é um ser racional e de que faz as suas escolhas através do pensamento lógico!

Esse conceito é um grande equívoco e o maior de todos os obstáculos para que você se conheça profundamente e assuma um papel protagonista em sua vida, pois utilizamos o raciocínio e a lógica para justificar as nossas escolhas e decisões, mas a origem delas não está na racionalidade. Se fôssemos racionais e agíssemos sempre de maneira lógica, provavelmente, não existiria guerra no mundo.

Não somos seres essencialmente racionais, este é apenas um "saber errado". Eu e você somos seres afetuosos, emotivos. Tomamos nossas decisões a partir de nossos afetos, nossas emoções e nossos sentimentos. Quando entendemos e aceitamos essa nossa característica primordial, mudamos a maneira de interpretar a nós mesmos, entendemos claramente os processos de manipulação a que estamos expostos, e deixamos de repetir erros cometidos no passado.

Talvez algo dentro de você esteja agora lutando para aceitar essa nova condição sobre irracionalidade. Mas perceba que esse algo que se manifesta aí dentro não vem de sua cabeça, mas sim do seu coração. Por isso, a partir do próximo capítulo, deixaremos de falar de "cabeça para cabeça" e passaremos a falar de "coração para coração".

DESTAQUES PARA O PROTAGONISTA

1. Carregamos crenças limitantes que se fixam em nós como chiclete; por mais que tentemos jogá-las fora, elas não se desprendem. Reconhecer e desfazer essas crenças desenvolve um terreno fértil para cultivar o protagonismo.

2. Ao percebermos o esforço necessário para nos livrar das crenças que identificamos como negativas, passamos a entender o impacto das crenças que atuam abaixo do nosso nível de avaliação, restringindo nossas ações ou conduzindo a convicções erradas.

3. Gastamos muito tempo escolar absorvendo um monte de conteúdos desconectados da realidade adulta, o que nos torna despreparados para os desafios reais. Assim, nos tornamos defensores de um mundo "duro" para as próximas gerações.

4. Nos ensinam que somos animais racionais, mas, na realidade, a racionalidade frequentemente é eclipsada em nossas decisões. Tomamos decisões movidos por emoções e sentimentos e usamos a racionalidade apenas para justificar tais escolhas.

A capacidade de mudar de opinião é uma característica de pessoas muito inteligentes. Revise suas convicções e ganhe uma nova perspectiva.

3
A VERDADE SOBRE SUAS DECISÕES

VIVENDO E APRENDENDO

Pensar que a razão define suas escolhas o afasta de fazer o papel principal. Esse pensamento faz com que você esteja sempre se confundindo em relação às suas possibilidades e melhores opções.

É claro que o raciocínio é patente, como uma de nossas características. Quando preocupados com alguma situação, o que fazemos é ponderar sobre o assunto. Então, podemos fazer uma avaliação das possibilidades de acontecimentos futuros e, assim, agimos de maneira a encontrar uma posição favorável em relação a aquilo que nos preocupa. Se prestamos um exame ou fazemos uma prova, por exemplo, ficamos absortos na solução das perguntas e nos envolvemos em um caminho de pensamentos lógicos e na administração de nosso banco de dados.

Ultimamente ouvimos falar em *continuous learning*, ou *lifelong learning*, sugerindo que devemos nos dedicar ao aprendizado a vida toda. De fato, sábias são as palavras "vivendo e aprendendo", uma constatação natural à nossa existência. A todo instante somos capazes de nos surpreender com algo e pensar: "Por essa eu não esperava... Vivendo e aprendendo!".

Porém, se estamos nos referindo à exposição de conteúdos organizados e apresentados, com o intuito semelhante ou igual a uma aula, é prudente fazer uma ponderação sobre o que está acontecendo com toda essa enxurrada de "aprendizado". Quantas vezes você esteve diante de uma situação no formato sala de aula? Foi a quantos congressos? Cursos? Aulas online? Assistiu a filmes e documentários? Estudou? Leu livros?

Experimente fazer uma breve pausa na leitura e dedicar alguns segundos para contabilizar todo esse seu esforço. O quanto disso tudo que aconteceu você acha que absorveu e utiliza? O quanto disso tudo você acredita que "sabe"? Há uma maneira de medir isso?

Existem aprendizados que podem ser imediatamente verificados. Um exemplo clássico é o idioma. Percebemos com clareza aquele que sabe falar um idioma ou não. É também um exemplo clássico daquilo que acontece na escola: desde pequeninos, a disciplina língua inglesa nos acompanha, e muitos deixam a escola sem entender ou falar o idioma de maneira satisfatória. Alguns deixam a escola sem condições de bater um breve papo ou até entender um aviso curto e simples. O que dizer, então, de matérias como física, geografia ou química?

Longe de mim desmerecer a importância do que representam essas matérias. Pelo contrário, de fato a física e a química, por exemplo, estão relacionadas a praticamente tudo o que fazemos, como respirar ou andar em um automóvel. Porém, aquilo que preenche a disciplina na escola é inverificável no dia a dia. Está desligado de nossos compromissos e interesses. Assim, somos submetidos a um enorme volume de horas dedicadas a distrações, absortos em adquirir conhecimentos desnecessários.

Em outras palavras, ao se relacionar com muitas pessoas em sua vida pessoal e profissional, você construiu uma grande rede de convivência e não faz a mais pálida ideia de seus conhecimentos sobre química ou física, estou certo?

O VALOR DA INTELIGÊNCIA

À medida que vamos avançando nesse assunto, o que acontece na maioria das vezes é emergir uma espécie de "não" em nossa mente. Uma recusa em reconhecer uma perspectiva alternativa sobre os esforços que empregamos até aqui. Surge a indagação: "Todo o meu empenho foi em vão?". Uma dificuldade adicional reside na nossa incapacidade de dar uma solução ao assunto.

Este "não" está diretamente ligado ao tema central deste livro, protagonismo, que neste momento podemos chamar de *possibilidade de nos transformar em nossa melhor versão*.

Trazer à tona um assunto discutível é uma maneira saudável de "cutucar" a nossa sensibilidade perante aquilo que construímos, mas que não tem por base uma engenharia de fundação consistente. Cutucamos as nossas convicções, a nossa sabedoria e, por que não dizer, a nossa inteligência.

A nossa inteligência é aquilo que defendemos a todo custo. Aprendemos que o nosso valor está intimamente ligado a ela. Aceitamos ser criticados em muitos sentidos, mas não aceitamos que alguém menospreze a nossa inteligência, não é mesmo? Somos incapazes de, em uma roda de amigos, definir quem é o mais inteligente. Talvez o mais sábio, culto, informado, versado, perspicaz, conhecedor, instruído, bonito, esperto, alegre... Qualquer coisa, exceto que um é mais ou menos inteligente que o outro.

Quando algo entra em rota de colisão com as nossas convicções mais firmes, de modo inconsciente sentimos um ataque àquilo que não aceitamos que possa ser atacado: a nossa inteligência.

Se criarmos um quadro em que uma pessoa não está satisfeita com o rumo que as coisas têm tomado e deseja pegar o leme da vida nas mãos, estamos falando de protagonismo. Inevitavelmente, falaremos de uma característica de pessoas muito inteligentes: **a capacidade de mudar de opinião**. O contrário disso é mesmice e teimosia.

Quando preparei minha primeira palestra sobre protagonismo e propósito de vida, passei um bom tempo procurando um assunto capaz de causar controvérsia entre os participantes, mas esse desconforto não poderia ser desmedido. Não poderia ser algo agudo ou cortante, como assuntos que mexem com nossos afetos mais profundos, mas algo que gerasse desconforto sem me expor de maneira radical nem agressiva.

Foi quando encontrei o assunto da viagem do homem à lua. Matéria em que não possuo repertório ou conhecimento para durar cinco minutos em um debate entre entendidos no assunto, de modo que declaro imediatamente aqui a minha falta de estudo, leitura ou erudição no assunto – exceto o que estudei para construir a palestra.

Depois de uma pesquisa, baixei algumas fotos do site da Nasa, deixando isso claro em minha apresentação, e assim fiz ponderações questionando a ida do homem à lua, utilizando-me de argumentos encontrados na internet.

No início dessa parte da palestra, mostro uma foto dos três astronautas, Armstrong, Aldrin e Collins, que formaram a equipe da Apollo 11 que alcançou o feito histórico de pousar na lua e retornar com segurança à Terra em julho de 1969. A Apollo 11 era uma façanha notável da época, mas perderia fácil em termos de tecnologia se comparada a um automóvel popular dos tempos atuais, que incorpora décadas de avanços em eletrônicos, automação, eficiência energética e comunicação.

Neil Armstrong foi o comandante da missão, o primeiro ser humano a caminhar na superfície lunar em 20 de julho de 1969, proferindo a famosa frase: "É um pequeno passo para um homem, um salto gigante para a humanidade". Buzz Aldrin foi o piloto do módulo lunar, conhecido como Eagle. Aldrin também caminhou na lua, tornando-se o segundo ser humano a fazê-lo. Já Michael Collins foi o piloto do módulo de comando, chamado Columbia. Collins permaneceu em órbita lunar enquanto Armstrong e Aldrin exploravam a superfície. Ele desempenhou um papel crucial na missão, garantindo o sucesso do encontro orbital entre o módulo lunar e o módulo de comando após saírem do astro.

Enquanto projeto uma linda foto dos astronautas em seus trajes com a lua ao fundo, pergunto aos participantes se sabem quem são aquelas pessoas. Isso gera o primeiro desconforto: as pessoas sabem quem são os indivíduos, mas não sabem os nomes. Uma ou outra se lembra de Neil Armstrong, mas não dos outros dois.

Depois, peço para levantarem a mão aqueles que acreditam que aqueles três foram de fato à lua. E, em seguida, chamo os que não acreditam. Em geral, percebo um grande número de abstenções – pessoas que não levantam a mão em nenhuma das opções. Depois de uma conversa sobre o objetivo de nosso encontro e um pouco de humor, os participantes são convencidos a se manifestar e, assim, geralmente, todos levantam o braço em uma das duas opções.

MUDAR DE OPINIÃO

Claro que o nosso foco aqui não é a viagem do homem à lua. Estamos tratando a capacidade de mudar de opinião e a tese de nosso discernimento estar ancorado em nossos afetos, e não na nossa racionalidade. Não perca isso de vista.

Quando apresentamos algumas ideias sobre o homem não ter ido à lua, provocamos um confronto entre crenças gigantescas que são muito mais importantes do que o objetivo "falso" ou "verdadeiro", "foram" ou "não foram".

Questionar as missões Apollo levanta dúvidas sobre a integridade e a credibilidade da Nasa, a agência espacial dos Estados Unidos, por exemplo, e pode levar algumas pessoas a acreditar que a Nasa escondeu informações e falsificou evidências.

A cobertura extensiva das missões Apollo pela mídia, incluindo fotos e vídeos, pode ser questionada se alguém acredita que as aterrissagens foram falsificadas. Isso levanta questões sobre a confiabilidade da mídia em relatar eventos importantes.

A missão Apollo foi realizada durante a Guerra Fria, e muitas pessoas acreditam que o governo dos Estados Unidos tinha motivos para exagerar ou falsificar a conquista como uma demonstração de superioridade sobre a União Soviética. Isso leva a questionamentos sobre a honestidade do governo.

As missões Apollo foram apoiadas por uma ampla comunidade científica e resultaram em uma quantidade significativa de dados científicos. Negar essas missões pode questionar a confiabilidade da ciência como um todo e criar desconfiança em relação às pesquisas.

As missões Apollo foram eventos históricos significativos e têm um impacto duradouro na educação e na inspiração de futuros cientistas e astronautas. Questionar essas missões pode afetar o entendimento da história e a motivação de futuras gerações.

Essas hipóteses são de peso. Mas muito mais forte do que isso tudo será a desconstrução daquilo que se desmonta em nossos afetos. E quando você confronta todas essas ideias de uma só vez, o desconforto é muito grande, pois gera desgaste, danos e prejuízos àquilo que defendemos a todo custo: a nossa inteligência.

Essa etapa da palestra dura exatamente oito minutos, e quando finalmente confesso a minha ignorância sobre o assunto, é perceptível o alívio do público. Até que eu lanço a pergunta:

— Independentemente da opção escolhida, e se por acaso, mesmo parecendo impossível, você estivesse errado, você seria capaz de mudar de opinião? Ou melhor, esqueça a Apolo 11. Você é capaz de mudar de opinião sobre assuntos extremamente importantes para você, como seu emprego, profissão, amizades, religião, família, política ou relacionamento amoroso?

Aí sim estamos no objeto de estudo: a capacidade de mudar de opinião que acaba por desembocar no ato de assumir o leme da vida na mão.

Afinal, o que faria você mudar de opinião?

EFEITO COLATERAL

Quando nos deparamos com informações ou situações que desafiam nossas crenças ou expectativas, isso pode se manifestar em nossos afetos de várias maneiras, incluindo tristeza, dor emocional e frustração. Essas emoções são respostas naturais.

A tristeza pode se manifestar como um sentimento de pesar, melancolia ou desânimo. Pode ser causada pela percepção de perda de algo em que acreditávamos ou que valorizávamos profundamente. A dor emocional pode ser sentida como uma sensação física de aperto no peito, sensação de vazio, ou até mesmo de desconforto no corpo. Essa dor pode ser causada pelo confronto com a realidade de que algo que considerávamos verdadeiro ou significativo não é mais o mesmo. Já a frustração pode surgir quando nos sentimos impotentes ou incapazes de lidar com a situação. Podemos sentir-nos desafiados em nossas habilidades de compreensão ou de enfrentar mudanças.

Essa confusão emocional é comum quando nos deparamos com informações contraditórias ou difíceis de processar. É normal nos sentirmos perdidos, sem saber como lidar com a nova perspectiva, quando resistimos à ideia de que nossas crenças estão sendo desafiadas. Podemos até ficar surpresos e, com frequência, negar as informações em um primeiro momento. Por fim, temos a insegurança, que pode ocorrer quando percebemos que nossas bases de crença estão abaladas. Isso pode nos deixar em um estado de vulnerabilidade emocional, no qual nos sentimos inseguros sobre em que acreditar ou em quem confiar.

Perceba quanto pode ser emocionalmente trabalhoso algo que, em primeira instância, é erradamente suposto apenas como um posicionamento racional sobre determinado assunto. Entender que sua essência e controle central não são movidos pela razão é o primeiro passo para entender suas escolhas, traçar seu caminho e assumir o papel principal na própria vida.

Um exercício poderoso para trabalhar essa percepção é dar um passo para trás e observar como tentamos o tempo todo proteger a nossa inteligência, usando o raciocínio lógico para justificar aquilo que fazemos mesmo quando avaliamos negativamente os resultados alcançados. Antes de continuar a leitura, pense em uma situação e faça essa prática.

O ENIGMA DO TORCEDOR

Procure resolver o enigma do torcedor. Por que um assunto como futebol pode gerar uma discussão tão agressiva?

Quando nos tornamos torcedores fervorosos, é comum perdermos a razão nos debates. Isso ocorre porque nossa identificação com uma equipe esportiva pode ser intensa, muitas vezes se assemelhando a uma parte importante de nossa identidade. Como resultado, as emoções dominam o raciocínio lógico em discussões relacionadas ao nosso time favorito. Essa irracionalidade vem da forte identificação pessoal que muitos torcedores têm com o seu time do coração. A vitória da equipe é frequentemente sentida como uma conquista pessoal, enquanto a derrota é vista como um fracasso.

Tal conexão emocional profunda pode nublar nosso julgamento e fazer com que defendamos apaixonadamente algo independentemente dos fatos ou argumentos apresentados. Isso está relacionado ao viés de confirmação, à tendência de buscar, interpretar e reforçar informações que confirmem crenças e conceitos existentes, enquanto ignoramos ou minimizamos informações que os contradizem.

Como torcedores, muitas vezes interpretamos eventos e estatísticas de uma maneira que apoie nossa equipe, mesmo que isso não seja objetivamente justificável. Isso pode levar a debates acalorados nos quais estamos mais interessados em validar nossas próprias opiniões do que em considerar opiniões contrárias.

Outro fator importante é o pertencimento a grupos. O apoio a uma equipe esportiva muitas vezes envolve fazer parte de uma comunidade de torcedores que compartilham interesses comuns. Isso cria um senso de camaradagem e solidariedade, mas também pode levar a uma mentalidade de "nós contra eles", por meio da qual estamos mais inclinados a apoiar nossa equipe, mesmo que de forma irracional, em oposição aos adversários.

Em resumo, a paixão e o envolvimento emocional que acompanham o apoio a uma equipe esportiva podem causar a perda da razão nos debates, devido à intensa identificação pessoal, viés de confirmação e influência do pertencimento a grupos. Isso não é exclusivo dos torcedores e, na verdade, pode ser observado em diversas áreas.

Vamos resolver o enigma do torcedor buscando uma situação na qual esse "amor ao time", ou esse "fanatismo", como muitas vezes é chamado, não esteja presente.

ESTUDO DE CASO: *BREAKING BAD*

Você já assistiu a alguma série de TV por assinatura? Sabia que podemos estabelecer uma enorme semelhança entre assistir a um jogo de futebol e assistir a uma série?

Quando você assiste a alguma série, você "torce" para algum personagem, certo? Todas as suas emoções, risos, gargalhadas, medos, apreensões, tristezas e choros vêm dessa sua torcida, exatamente como acontece aos torcedores do futebol.

Uma das maiores séries de sucesso dos últimos tempos chama-se *Breaking Bad*. Você provavelmente já deve ter assistido ou ouvido falar dela. É uma série de televisão estadunidense, e a história gira em torno de um professor de química do ensino médio que, após ser diagnosticado com câncer terminal, decide entrar para o mundo da produção e do tráfico de metanfetamina, justificando sua decisão com o argumento de que age em defesa do futuro financeiro de sua família.

Ele se associa a um ex-aluno para fabricar e vender droga de alta qualidade, que produzem utilizando os conhecimentos de química do professor. À medida que mergulham mais fundo no submundo do crime, transformam-se em poderosos traficantes de drogas e assassinos.

A série aborda de maneira confusa temas como a moralidade, as consequências de nossas escolhas e as ramificações do envolvimento no mundo do crime. *Breaking Bad* é incontestavelmente um dos maiores sucessos da história do streaming. A série não apenas conquistou uma audiência crescente ao longo de suas cinco temporadas, como também recebeu uma série de prêmios prestigiosos. Sua influência na cultura pop e sua permanente relevância na era atual solidificaram seu status como ícone de uma geração.

Tem a duração total, incluindo todas as cinco temporadas e 62 episódios, de aproximadamente 48 horas. Tempo durante o qual a audiência cria empatia e torce para os dois assassinos, fabricantes e traficantes de metanfetamina.

É notável o esforço para criar motivações autênticas para esses personagens. Isso significa que as razões pelas quais eles fazem o que fazem parecem genuínas e, portanto, se conectam a experiências humanas comuns. Essas motivações podem incluir desejo de sobrevivência, busca por amor, desejo de justiça ou ambição pessoal, por exemplo. Quando essas ambições são fundamentadas em emoções e desejos universais, os espectadores conseguem se relacionar com tais sentimentos, pois também os experimentaram na própria vida.

Ao ver um personagem lutando por algo que eles próprios desejam, os espectadores criam uma conexão emocional e passam a torcer por esse personagem, independentemente de suas ações. A exploração de traumas passados ou experiências difíceis é com frequência usada por roteiristas para moldar a psicologia de personagens, pois isso permite que os fãs aceitem as razões por trás dos comportamentos mostrados. Ademais, a exploração dos traumas também adiciona profundidade à trama, abrindo diversos canais pelos quais o público pode se identificar.

As circunstâncias pessoais dos personagens, como histórico familiar, ambiente social e eventos da vida, desempenham um papel importante na criação de histórias identificáveis. Os personagens muitas vezes enfrentam dilemas éticos e morais que os forçam a tomar decisões difíceis. Esses conflitos internos os humanizam, pois quem assiste consegue entender a complexidade de escolhas feitas em situações ambíguas. Assim, acabamos torcendo pelo personagem, mesmo quando suas escolhas são moralmente abaixo da crítica.

No caso da série, a fabricação e venda de metanfetamina, assim como o assassinato, são atividades absolutamente condenadas pelo público que, ao mesmo tempo, torce pelos personagens que praticam tais atos, entende?

Quando há uma conexão afetiva, o público releva muitos argumentos racionais e se apega ao personagem que exerce papel de protagonista na história.

Esse papel principal é o que chamamos de protagonista. Se isso acontece tanto nos jogos de futebol quanto nas séries televisivas, me responda: quanto você acha que costuma fazer isso na vida real para justificar as suas próprias atitudes ou as atitudes daqueles que o cercam e a quem você ama?

É muito valioso compreender que seremos capazes de justificar quase qualquer tipo de comportamento para atender ao chamado de preferências enraizadas no afeto. A reflexão e a ponderação sobre o assunto estão presentes nos livros sagrados do hinduísmo, do budismo e do cristianismo, e permeia os pensadores da filosofia ocidental. Aqui, porém, o objetivo é trazer esse entendimento para nossos afazeres diários e nossas posições, assim como para as dos outros. Isso que eu chamo de entender o significado mais urgente do tema.

A realidade é que você jamais conseguirá fazer um papel de ponta em sua própria vida, pois não é possível ser um coadjuvante de si mesmo. Você deve ser o protagonista!

SINTA O ALÍVIO

Convido-o a ponderar sua abertura para revisar convicções e acolher essa nova perspectiva. Ao adotar essa postura, você encontrará companhia entre alguns dos mais notáveis pensadores da história.

Você é capaz de se entender como um indivíduo primordialmente movido por emoções, com a racionalidade desempenhando um papel secundário? Aceitar essa realidade pode gerar uma sensação de tranquilidade.

Esse processo de amadurecimento é também de libertação. Pois, de fato, não queremos nos desfazer de nossas emoções ou de nossos amores; pelo contrário, queremos nos agarrar a eles, claro. No entanto, é de inestimável valor perceber que, nesses mesmos amores, podem estar ancoradas crenças que dificultam tantos processos de escolha.

O filósofo alemão Immanuel Kant argumenta que a paixão é o pior dos males em relação à nossa liberdade. O apaixonado torna-se um escravo do objeto de suas paixões, porque essa emoção mata, anula e é vencedora frente a todas as outras inclinações ou predisposições de interesse ou desejo.

Kant foi influenciado pelas ideias do escocês David Hume, que, segundo ele próprio, o despertaram de seu "sono dogmático". Kant buscou reconciliar o empirismo de Hume com o racionalismo, desenvolvendo sua filosofia crítica, que culminou na obra *Crítica da razão pura* (Vozes, 2015).

Hume distingue entre impressões (percepções vívidas e imediatas) e ideias (percepções menos vívidas, derivadas das impressões). Ele aponta que todas as nossas ideias são derivadas de impressões. Sugere também que a mente humana opera por meio da associação de ideias, ou seja, ideias ligadas umas às outras por semelhança, tempo, espaço ou causalidade.

Ele enfatiza o papel do hábito e do costume em nossa formação de crenças e comportamentos. Nossas ações e crenças são com frequência moldadas por padrões habituais de pensamento. Por fim, Hume conclui que as emoções e paixões muitas vezes governam nossas ações, enquanto a razão desempenha o papel de servir tais paixões. Ele afirma que a razão sozinha não pode motivar a ação; ela apenas avalia os meios para atingir os fins desejados.

Preste atenção como essa explicação do pensador nos faz perceber que a origem da motivação do que quer que seja não pode ser a razão pela razão. Quando descreve nossos preceitos particulares e individuais, argumenta que nossos julgamentos morais derivam de sentimentos de aprovação ou desaprovação em relação às ações. A moralidade não é determinada pela razão, mas pelos sentimentos.

A fantasia ou ilusão de enxergarmos e nos descrevermos como dotados de alto nível de racionalidade parece nos dar um status mais valioso, o retorno à questão da inteligência. Porém, Hume questiona a nossa capacidade de estabelecer a existência real de conexões causais entre eventos. Ele argumenta que nossas noções de causalidade são baseadas em hábito e observação, mas não em uma compreensão lógica. De fato, somos capazes de conectar qualquer coisa de maneira inconsciente.

Por favor, não arquive essas informações no campo das ideias. Não guarde essa informação na pasta "Coisas legais que eu não uso". Essa percepção é de valor inestimável para aqueles que pretendem utilizá-las em seu dia a dia, a fim de se tornar protagonista.

Hume era um filósofo empirista que acreditava que o nosso conhecimento se origina da experiência sensorial. Ele argumentava que nossas mentes não possuem ideias inatas ou princípios universais, mas sim que são essencialmente "tábulas rasas" no nascimento, e que todo conhecimento é adquirido através da experiência.

Nossas impressões são as percepções vívidas e imediatas que recebemos por meio dos sentidos. Por exemplo, a sensação de calor, o gosto de uma comida, a visão de uma flor... são todas impressões. Essas experiências sensoriais são a fonte primária e direta do nosso conhecimento. Por outro lado, as ideias são representações menos vívidas que derivam das impressões. Quando não estamos experienciando uma coisa diretamente, ainda podemos ter uma ideia dela em nossa mente, entende?

Todas as ideias podem ser rastreadas até suas impressões correspondentes. Em outras palavras, tudo o que pensamos ou sabemos pode ser rastreado até uma experiência sensorial anterior. O filósofo usa o termo *princípio de associação* para explicar como ideias estão ligadas umas às outras:

1. SEMELHANÇA: Ideias são associadas com base em semelhança. Por exemplo, ver uma maçã vermelha hoje pode fazer com que você tenha a ideia de outra maçã vermelha amanhã.

2. CONTINUIDADE NO TEMPO E NO ESPAÇO: Ideias são associadas quando ocorrem próximas umas das outras no tempo ou no espaço. Por exemplo, ver um pássaro no céu pode fazer você pensar em árvores próximas.

3. CAUSALIDADE: Ideias são associadas quando uma ideia leva a outra devido a uma relação de causa e efeito. Por exemplo, se você tocar em uma chama e se queimar, a ideia de chama pode fazer você pensar que vai se queimar.

Essa perspectiva empirista de Hume enfatiza que todas as nossas crenças, conhecimentos e noções de mundo são construídos a partir de impressões sensoriais que acumulamos ao longo da vida. Sua ênfase na experiência sensorial como base do conhecimento foi uma contribuição importante para a epistemologia e influenciou o pensamento subsequente na filosofia.

E A MANIPULAÇÃO?

A capacidade de se entender assim é preponderante para navegar no oceano de conexão digital e nos diferentes planos em que estamos no mundo contemporâneo.

É importante para o desenvolvimento do protagonismo perceber os efeitos das redes sociais, da desconfiança de muitos frente ao jornalismo, da dificuldade em saber o que é realmente verdadeiro, da desinformação em massa e, principalmente, do **controle ao acesso** à inteligência artificial – que, em minha opinião, terá um impacto na sociedade muito maior do que toda a internet existente até o momento presente.

Esse passo é fundamental para seguir adiante em um mundo que fará de tudo para persuadi-lo a fazer algo ou tomar determinada posição. Esse tipo de situação acontecerá em seu dia a dia em todos os momentos.

Imagine-se como um pedaço do oceano, uma área delimitada do mar. Assim de fato somos, pois não temos um limite visível de onde começa alguém e termina o outro. A analogia traz também a ideia de que os peixes, as estrelas, as plantas, e todas as espécies marinhas estão ali, soltas, entre cada um de nós.

Imagine que os processos de manipulação são como um barco que está na superfície, fisgando aquilo que quer de você. Ele faz isso por meio da distração, no sentido enganoso e estratégico usado pelos mágicos para criar ilusões e surpreender o público. Você olha para um lado e o truque acontece do outro. Assim, esse barco vai levando aquilo que tem de mais precioso em suas águas. Ele faz isso enquanto você está iludido com a ideia de que seus critérios são racionais. Porém, esse barco só consegue ficar ali parado pescando porque está com a âncora fincada no terreno do seu coração, e não de sua mente. É ancorado nos seus afetos que ele faz aquilo que faz. E esse é o assunto de nosso próximo capítulo.

DESTAQUES PARA O PROTAGONISTA

1. Pensar que a razão define suas escolhas o afasta de atuar o papel principal, faz com que você esteja sempre se confundindo em relação às suas possibilidades e melhores opções.

2. A nossa inteligência é aquilo que defendemos a todo custo. Aprendemos que o nosso valor está intimamente ligado a ela. Aceitamos ser criticados em muitos sentidos, mas não aceitamos que alguém menospreze a nossa inteligência.

3. A fantasia ou ilusão de enxergarmos e nos descrevermos como dotados de alto nível de racionalidade parece nos dar um status mais valioso. Essa crença nos torna ainda mais vulneráveis ao oceano de manipulação no qual estamos imersos no dia a dia.

*Para traçar uma rota é fundamental
saber para onde vamos e qual é nosso
ponto de partida. Onde você está?*

4

ONDE VOCÊ ESTÁ?

ONDE?

O conjunto conhecido como As Cinco Ruas é visto como um pequeno enclave dentro do Rio Tavares, situado na Praia do Campeche, em Florianópolis. Ele é formado por cinco vias paralelas, cada uma medindo exatamente um quilômetro de comprimento. A ausência de conexões transversais entre elas resulta em trajetos longos que, por sua vez, culminam em ruas que terminam onde se iniciam as trilhas. Estas alcançam as restingas das dunas, que chegam rapidamente até as areias da praia.

A restinga, vegetação formada sobre as dunas, adapta-se ao ambiente de alta salinidade e é caracterizada por sua estatura baixa, aproximadamente até a altura da cintura, mas também por formar núcleos mais densos com árvores altas e vegetação mais robusta.

Minha descoberta das Cinco Ruas deu-se através do meu amigo de longa data, Lancast Mota, ilustrador que se dedicou muitos anos ao trabalho nas histórias da Turma da Mônica, de Mauricio de Sousa, incluindo personagens como Cebolinha, Cascão e Magali. Atualmente, ele está envolvido em diversos projetos, que com frequência se revelam mais complexos do que inicialmente aparentam.

Quando decidi me estabelecer por tempo indeterminado em Florianópolis, empreendi uma busca voluntariosa por uma residência nas Cinco Ruas, embora sem sucesso. Em uma ocasião, um atendente de imobiliária, em tom de zombaria, expressou seu desejo de também encontrar uma propriedade lá, passando a impressão de que eu estava em busca de algo impossível.

Com isso, expandi minhas buscas para incluir o Morro do Lampião e a região do Rififi, meus objetivos iniciais antes de me encantar pelas Cinco Ruas. Explorei as redondezas do Novo Campeche, um bairro em desenvolvimento, caracterizado por edifícios baixos e condomínios, que começou a abrigar alguns cafés e espaços modernos, mas que também sinalizava a transformação do ambiente natural em urbanizado, com construções mais modernas. Foi durante uma dessas incursões pelo bairro que anotei o número de telefone de um anúncio de aluguel de um *loft* com vista para o mar, destacado em uma placa.

Dizem que se conselho fosse bom ninguém dava de graça, mas na verdade recebi e continuo recebendo conselhos muito valiosos. Eu estava sendo aconselhado a alugar algo em caráter de urgência, pois o final do ano se aproximava e, dali em diante, os imóveis alugados ficariam escassos dada a vantagem financeira de aluguéis por diárias mais altas na alta estação.

Telefonei para o número do aviso e marquei um encontro com o Josué, um gaúcho de um metro e noventa que me mostrou um *loft* muitíssimo bem decorado a uma quadra da praia, em um prédio muito interessante, com atmosfera de apartamento moderno.

A janela do ambiente único dava para uma quadra de futebol que estava vazia e silenciosa, mas que me sugeria uma grande fonte de barulho. O acabamento de bom gosto e a figura simpática do Josué contrabalanceavam o efeito da quadra na janela, potencializado pela urgência de conseguir um lugar.

Às tantas que estávamos ali conversando, Josué me soltou uma informação inesperada.

— Sabia que na verdade eu não quero alugar este apartamento? Mas se você quiser muito, eu posso alugar para você. Mas terei que pensar primeiro.

— Mas, então, por que você colocou o anúncio?

— Tenho um amigo que fez isso. Ele acha que eu deveria alugar e quer me ajudar, mas agora mesmo eu estava pensando que não quero alugar, quero mesmo é vender.

A conversa se estendeu e acabamos falando sobre a vida, dúvidas, destinos, caminhos, decisões etc. Na despedida, curiosamente, ele ficou de pensar e dar um retorno. E não o contrário, como seria o esperado.

Fiz mais uma visita a outro imóvel naquela tarde, mas ainda sem sucesso.

Na manhã do dia seguinte, recebi uma mensagem de Josué:

"Caro Álvaro, este apartamento não tem nada a ver com você, e essa quadra aqui do prédio vai te trazer amolação. Seguem as fotos da casa de uma amiga minha que está para alugar, e o valor do aluguel é semelhante. É um lugar perfeito para você escrever seu livro. Ela se chama Jussara."

Ao procurar o endereço no mapa, descobri que ficava na Servidão Dunas da Joaquina, também conhecida como Quinta Rua. O destino me levou a uma casa nas Cinco Ruas, para a última casa da última rua, no ponto de encontro entre a natureza e o bairro.

Ao sair da avenida e entrar na Quinta Rua, percorri de moto um quilômetro de asfalto para então a rua se transformar em terra e depois, meio terra e meio areia, cheia de buracos.

Mais alguns metros e essa rua de terra deu lugar a um acesso por onde ainda era possível passar cuidadosamente de moto. No final de tudo, estava a casa que correspondia às fotos que Josué me mandara.

Uma casa azul e amarela, com uma ótima varanda e uma convidativa rede, escondida dentro da vegetação. Durante minhas buscas nas Cinco Ruas, feitas de moto e a pé com Lancast, nunca tínhamos percebido a existência de tal casa.

Ali encontrei a proprietária Jussara, que me recebeu de maneira simpática e ao mesmo tempo cortante. Ao passar pelo portãozinho de madeira e entrar na varanda, percebi o adorável silêncio, que só ficava ainda melhor quando acrescido dos sons de pássaros e, em segundo plano, do barulho das grandes ondas do Campeche quebrando na praia.

Observei algumas câmeras de segurança e perguntei se elas funcionavam, recebendo como resposta:

— Sim, aqui tudo funciona. Aqui não tem nada quebrado, porque se está quebrado a gente conserta. — Seguido de uma gargalhada.

Jussara é uma paulista da região do ABC, que se mudou para Santa Catarina há muitos anos, de descendência italiana e olhos claros, cor de piscina. Dona de um humor ácido e sem a menor preocupação com o que você ou qualquer um acha do que ela vai dizer, isso lhe confere uma forte autenticidade e a faz protagonizar cenas muito engraçadas.

Mas eu ainda demoraria a entender essa protagonista que estava ali na minha frente.

Ela fazia duas coisas curiosas, ao mesmo tempo: perguntas sutis que buscavam entender mais sobre a minha pessoa, quem eu era etc., o que me colocava na posição de quem estava sendo avaliado; e, por outro lado, me tratava como se a casa já fosse minha, como se tudo já estivesse certo.

Entrei na casa e reparei de imediato no pé-direito alto, com nove lâminas de vidro, de aproximadamente um metro quadrado, instaladas na parte alta da parede, junto ao teto. Isso dava muita luminosidade e incorporava a casa à mata, dando um charme poderoso ao lugar. Reparei alguns macacos circulando, junto de uma quantidade maior do que o normal de aracuãs.

Mais tarde, descobri que a Jussara alimentava diariamente os aracuãs com quilos e mais quilos de bananas, doados por comerciantes locais ou comprados por ela, e fazia o mesmo com os macacos, com os lindíssimos pica-paus de cabeça amarela, com as saracuras, e com quem mais por ali aparecesse, assim como quatro gatos e um cachorro.

A casa era muito pequena, mas funcional, de forma que era fácil me imaginar morando ali. Era um dia frio e, sendo assim, foi estimulante ver uma lareira bem construída exatamente ao lado da cama.

— Essa lareira funciona?

— Tudo aqui funciona, aqui não tem nada quebrado — disse a Jussara e, ao ver a minha cara, soltou uma boa risada.

Uma varanda, uma sala/cozinha, um quarto com lareira e duas portas de vidro viradas para a mata cheia de bichos, um deck de madeira colado nessas portas, uma área de serviço com um chuveirão externo. E é desse deck de madeira colado na mata e rodeado de macacos e aracuãs que escrevo para você como quem escreve uma carta a um amigo, compartilhando aquilo que aprendi sobre a possibilidade de tomar o leme da vida nas mãos.

Em meu livro *Comunicação e persuasão*, eu tive a chance de escrever em uma lindíssima varanda de uma casa açoriana no Ribeirão da Ilha de Florianópolis. Desta vez, fui um pouco mais ousado e procurei uma casa para alugar por um ano.

Meu encontro com a Jussara durou menos do que trinta minutos. Olhei a casa e ela era como um brilhante encontrado. A figura engraçada da proprietária me tratava como se a casa já fosse minha, uma resposta àquilo que eu procurava.

Três dias depois eu estava lá para assinar o contrato, mas o que fora trazido pela imobiliária estava repleto de diferenças entre aquilo que combinamos e o que estava de fato escrito. Pelo menos, o que havia de mais importante, como valores, tempo de contrato, pagamentos etc., estava correto.

Jussara estava sentada em sua casa, uma representação semelhante à casa que eu aluguei, mas com outras dimensões. Ela pegou o contrato, assinou e me passou antes que eu dissesse alguma coisa. Então, comecei a explicar que tinham coisas que não batiam, como seguro-fiança e mais outros detalhes que estavam errados. Não era melhor corrigir? Na minha frente, estava um jogo de contratos prontinhos e impressos, então tudo teria que ser feito novamente.

— Eu vou assinar um contrato errado? — perguntei.

Ela olhou para mim e respondeu:

— Dane-se! Assina aí esse troço do jeito que está e deu pra bola!

Sendo assim, assinei o contrato, com a promessa de que ele seria corrigido e me enviado assinado na semana seguinte. Nunca chegou.

Jussara já está aqui há muitos anos e mudou-se para a restinga quando quase nada havia. Das plantas que colhe na mata para fazer remédios, a sua preferida é a erva-baleeira, que segundo ela é capaz de curar quase tudo.

Entre as outras plantas, o obrigatório boldo macerado pela manhã e um delicioso chá que ela me fez uma única vez, e que nunca mais tive coragem de pedir, dado o volume de ingredientes e o trabalho que dá para ser preparado. Tudo colhido na restinga e direto para a panela.

Ela também gosta de oferecer fartos jantares e almoços no quais você pode encontrar algum peixe fresco com crosta de ervas, cuscuz marroquino, não faltarão camarões grandes ou uma costela com legumes. E, se tiver sorte, uma inesquecível massa com molho de tomate com carne assada, receita do avô de Jussara.

Essa habilidade na cozinha se mistura com sua personalidade autêntica ao comentar aquilo que você cozinha para ela. Enquanto eu cozinho, recebo todos os tipos de críticas: "Abaixa esse fogo", "Por que você corta isso assim?", "Fecha essa torneira". Quando finalmente o prato está pronto, ela prova e diz que está maravilhoso, enquanto seus olhos azuis parecem confessar o que pensa por dentro: "Fez tudo errado e deu certo! Que sortudo!".

É assim que venho aproveitando isso que a gente chama de vida, enquanto me comunico com você rodeado pelos macacos e atormentado pelo Sansão, um dos gatos da Jussara que vive pelas árvores e arrumando confusão com os vizinhos. Ele adora me acordar quantas vezes for possível, e se você der mole, ele vai te pedir alguma coisa de cinco em cinco minutos. Ele adora se deitar na minha cama e dormir o dia inteiro, para de noite acordar e fazer todo tipo de bagunça que você puder imaginar.

Os aracuãs são pássaros bem grandes, com um cantar que parece tipo uma gralha do mal. Se você precisar de um som assustador para sonorizar um vídeo, procure por aracuãs. Eles têm uma plumagem geralmente marrom e são conhecidos por seu canto distintivo e de altíssimo volume, que se assemelha ao som de "ara-cuã", daí o nome. Se parecem com uma mistura de ave de rapina e uma galinha. Eles cantam sempre juntos. É difícil ver um aracuã cantando sozinho, pois andam juntos, dando uma sensação de bando, de unidade da espécie e de força.

Saindo da casa você está na praia. A casa dá acesso à trilha no meio da duna, com uma vista deslumbrante para a imensa Praia do Campeche. Com um minuto de caminhada, você estará dentro do mar.

A Praia do Campeche é uma das mais extensas da ilha e é conhecida por suas areias claras e ondas ideais para a prática de surfe e kitesurfe. Ela se estende desde o extremo leste da Ilha de Santa Catarina até o sul, oferecendo muitos quilômetros de belas paisagens e espaço para atividades ao ar livre.

No canto norte das areias do Campeche está a famosa Praia da Joaquina, e no canto sul encontra-se o Morro das Pedras e o meu local preferido para observar o mar: a Pedra da Bruxa.

Não há nada além de natureza entre a casa e o mar, e isso faz com que o oceano entre no seu dia a dia. Com o passar do tempo, o passeio pela restinga e pelas dunas se torna ainda mais atraente do que chegar até o mar, se é que isso é possível. A fauna e a flora da restinga do Campeche são um espetáculo à parte, cheio de borboletas, aves de rapina, corujas e lagoas, que ficam grandes e, no tempo de chuva e calor, convidam a inesquecíveis mergulhos.

À noite, o passeio pela restinga é uma experiência de sonoridade única e encontro com vagalumes. Em noites de lua cheia, a magia é completa; a lua gigante e dourada nasce dentro do mar, talvez por isso o apelido de "Ilha da Magia" para Florianópolis. Será?

Saindo da casa, em direção oposta, você encontrará um bairro muito pacato e divertido. Entre minhas saídas preferidas estão a Lagoa da Conceição e a Avenida das Rendeiras. A Avenida das Rendeiras, que margeia a Lagoa da Conceição em Florianópolis, estende-se por cerca de dois quilômetros e meio ao redor da lagoa, oferecendo vistas panorâmicas deslumbrantes. Saio de casa de moto e durante o caminho já tem uma parte da lagoa do meu lado esquerdo, e quando chego à Avenida das Rendeiras, encontro Marcos, que me deu aulas e aluga seu barco à vela. Um Dingue.

BONS VENTOS

A paixão pelo velejo sempre esteve adormecida dentro de mim. Fazia parte daqueles desejos que nunca seriam saciados, como voar de asa-delta ou ir à lua. No auge da pandemia, quando passei uma grande temporada na praia de Boiçucanga, no litoral norte de São Paulo, aprendi a velejar. Oportunidade que me foi dada pelo dono da casa que aluguei por lá e que mais tarde tornou-se um queridíssimo amigo.

Ari Lobo é um dos maiores desportistas com que tive a felicidade de conviver e o melhor professor que conheci na minha vida. Me convidou para que eu conhecesse a Escola de Vela de São Sebastião, além do professor e campeão de vela Rafael Mendes. Ali começou minha jornada ainda embrionária na navegação – e tenho planos para que ela seja cada vez mais duradoura.

Ao encontrar Marcos na Avenida das Rendeiras, a atravessamos com o barco na carreta e deslizamos o casco para a água. Em seguida, o vento enche a vela e o barco começa a alcançar velocidade sem qualquer ruído, emissão de fumaça ou poluição.

Essa sensação de sentir a força do vento sempre remonta em minha mente o período das grandes descobertas marítimas. Imagino as caravelas singrando os mares em busca de terras e rotas desconhecidas.

A sensação de velejar é de extrema harmonia e vai além disso: cria uma conexão com o poder da natureza. Gosto muito da expressão "tomar o leme da vida nas mãos" para ilustrar o protagonismo, e de fato um livro todo poderia ser escrito fazendo uma analogia entre o navegar e o viver.

Todos conhecem a frase "Navegar é preciso, viver não é preciso", do poeta português Fernando Pessoa, atribuída a seu heterônimo Álvaro de Campos. Esse poema faz parte da obra *Ode*

Marítima, publicada em 1915 na revista *Orpheu*. Nele, Pessoa explora o sentimento de aventura e a necessidade de se lançar ao desconhecido, refletindo o espírito da frase original.

A citação pode ser vista como uma expressão do espírito de aventura e da prioridade dada às grandes empreitadas, como a navegação, mesmo que envolvam riscos consideráveis. Nesse contexto, navegar representa a busca por objetivos elevados e significativos, considerados mais importantes do que a própria segurança e previsibilidade da vida cotidiana. A realização de feitos grandiosos acima da simples sobrevivência.

Uma interpretação que ficou conhecida considera que a palavra "preciso" aparece no sentido de "precisão", e não de "necessidade", nos chamando a atenção de que podemos calcular nossas viagens e rotas para navegar precisamente. Já na vida estamos sempre diante de cenários em movimento, inéditos, surpreendentes, nos quais a precisão não encontra lugar. Por isso, navegar é preciso, rotas e destinos calculado; a vida não, pois é imprecisa.

Gosto muito de ambas as interpretações que, no final, acabam embocando na caçapa de que a vida se apresenta como uma aventura na qual riscos devem ser corridos. Porém, entre elas, ficamos com a primeira.

VÁRIAS *LAYERS*

Ao pensar quando anotei o número do anúncio, escrito pelo amigo do Josué, para alugar o apartamento que ele não queria alugar, até o exato momento em que estou aqui escrevendo para você, uma sequência de acontecimentos se organizou como a formação de uma corrente. Ao mesmo tempo em que os fatos do dia a dia acontecem de maneira cronológica, nos relacionamos com eles, dando maior atenção a um detalhe ou outro, ou nos dedicando a uma atividade ou outra, simultaneamente transitando em *layers* (camadas) de percepção. As camadas de consciência podem ser insondáveis como o oceano. Existem muitas camadas, e ler sobre isso pode até criar um obstáculo para se aprofundar nesse conhecimento.

Aqui vamos tratar de diversos assuntos simultaneamente e isso não acontecerá de maneira linear e claramente organizada. Assim como a vida é, vamos transitar por diversos assuntos ao mesmo tempo, então não gaste energia tentando organizar as coisas, apenas se deixe levar como se estivesse dentro de uma conversa descomprometida.

Em contextos de design gráfico, tecnologia da informação ou em outros campos, *layer* se refere a uma camada de elementos sobrepostos ou organizados em um conjunto, como em softwares de edição de imagens ou em sistemas de informática.

Poucos se dão conta ou param para pensar como isso acontece todos os dias. Esse é o principal foco daquilo que venho aprendendo através da meditação e dos estudos de filosofia oriental, que hoje formam a base do meu autoconhecimento e compreensão do mundo.

Lembre-se de não procurar um entendimento específico desse conceito de camadas, pois as experiências de consciência de cada um são únicas e muito difíceis de serem compartilhadas.

Fazendo uma reflexão simples, existe uma distinção clara do momento em que estou lendo um contrato de locação e identificando detalhes que poderiam ser refeitos daquilo que está na letra, no papel, de outro momento, quando estou na restinga hipnotizado pelos vagalumes ou pela cor da lua.

Existe um momento de conexão muito forte com o planeta e com a natureza quando estou navegando e sentindo a força do vento. E no sentido oposto, existe o momento em que estou tenso e ansioso, torcendo pela fuga de um personagem de *Breaking Bad*.

Existe o momento em que estou sentado nas dunas, sozinho de olhos fechados, apenas observando a minha respiração e a minha existência, alheio a meus pensamentos. E existem momentos em que estou preocupado com o resultado de uma questão profissional, ou então preso em suposições sobre determinada decisão em minhas atividades diárias, que podem ser, por exemplo, sobre a alteração da data de um trabalho. Pode ser qualquer coisa, como a perda de um arquivo no computador.

Me acompanhe na seguinte suposição: se esse momento de introspecção nas dunas tivesse uma duração longeva ou permanente (só a título de suposição), eu arriscaria dizer que ele me aproximaria de um estágio de intensa conexão comigo mesmo e com a minha natureza. Tenho a impressão de que esse estado me traria lucidez, conforto e confiança, somado à alegria e estima pela vida.

Você já teve um momento de grande conexão, não é? Vendo um pôr do sol ou mergulhando nas águas de uma cachoeira. Imagine que esse seja um estado que permaneça. Uma sensação pós-cachoeira, ou daquilo que promove o seu bem-estar, que durasse muito tempo. O que isso te traria? Uma coisa boa, não é?

Agora pense no momento em que você está completamente ansioso com um resultado mundano, como uma resposta que parece ser de "vida ou morte" sobre determinado assunto. Mas que, no futuro, você constatará que esquentou a cabeça mais do que deveria. Isso já aconteceu com você, não é? Imagine você enfiado nessa sensação de maneira permanente (só a título de suposição).

Aquela tensão cotidiana que desgasta muitos até o ponto do *burnout*. Já se sentiu tão afetado por uma reunião desastrosa ou um conflito intenso que se viu à beira de se tornar parte do problema? Considere uma sensação pós-reunião desgastante que durasse a vida toda. O que isso te traria? Algo muito ruim, não é?

Essa percepção daquilo que o conecta e que, se estendido ao máximo, te faria muito bem é o caminho para entender o que de fato é importante para você. E logicamente é de mesma importância identificar aquilo que o desconecta e que, se estendido ao máximo, te faria muito mal. É fundamental perceber a diferença entre esses dois extremos e identificar os momentos em que você se percebe em um ou em outro. Parece inacreditável, mas a maioria das pessoas não dá atenção a isso.

Esse princípio é a base de textos escritos há mais de três mil anos. Não é nada novo, mas é verdade que a nossa sociedade tem ignorado as lições mais preciosas e fundamentais, oferecendo em contrapartida uma série de produtos, hábitos, consumo, modas e novidades que muitas vezes ocupam o lugar de um passeio pela natureza.

Ao refletir sobre esse aspecto central a fim de traçar uma estratégia, percebemos que cada um tem o próprio aracuã e o próprio gato Sansão. Nossas experiências são únicas, individuais e particulares, e nossos propósitos seguem as mesmas condições.

Existe algo comum a todos nós, e que garanto que faz parte de seus desejos mais elevados: passar a maior parte do tempo com aqueles que você mais ama. Esse é um desejo de todos.

Mas não há como se mover positivamente sem saber onde estamos e para onde queremos ir. Hoje, com os aplicativos de GPS, temos uma relação simplificada de como chegar aonde queremos utilizando nossos meios de transportes. Mas, no passado, era muito comum alguém ligar para o aparelho fixo de sua casa e perguntar:

— Ei, Alvaro, como eu faço para chegar até aí?

Para oferecer uma explicação da rota, você diria:

— Ok, vamos lá. Para começar, me diga uma coisa: onde você está agora?

Porque é impossível traçar uma rota sem saber o ponto de partida. Qual é a primeira coisa que o GPS te pede? A sua localização. Sendo assim, uma pergunta importante para ser respondida neste momento é: onde você está?

E é fundamental que eu e você tenhamos a certeza de onde nos encontramos neste momento.

Existe um conceito bastante complexo dentro do hinduísmo que se chama Maya, palavra usada para se referir a ilusão. Na tradição hindu, Maya é a deusa da ilusão. Seu véu estendido é a advertência para a natureza ilusória daquilo que chamamos de realidade.

É provável que já tenha vivido alguma experiência que, passado determinado período, tenha sido avaliada por você mesmo como uma perda de tempo e energia. Houve um esforço em determinada direção que, hoje, você não desprenderia. Hoje você sabe que não vale a pena.

E qual critério utiliza para saber se algo vale a pena ou não?

Provavelmente ele está ancorado na avaliação dos efeitos resultantes pelo esforço desprendido. Sendo assim, ao fazer essa análise, você possui uma espécie de gabarito para saber o que vale a pena ou não.

Quando fazemos uma prova e respondemos a dez perguntas de múltipla escolha, comparamos nossas respostas com o gabarito e assim damos um valor a elas, uma nota que pode ir de zero a dez. Isso só é possível porque você tem um gabarito onde estão as respostas certas. E esse é o critério final de avaliação da resposta.

Para que você avalie aquilo que vale a pena ser feito para seguir em determinado caminho, usará um sistema semelhante, com a diferença de que não tem um gabarito, apenas uma avaliação daquilo que já aconteceu antes.

A habilidade de avaliar aquilo que "vale a pena" é crucial na jornada, e aí vai a pergunta sobre onde você está. Uma pergunta crucial.

Qual é a sua confiança no gabarito que possui hoje, para analisar os seus movimentos? Ela é a resposta à pergunta de onde você está. Qual o nível de confiança em seu critério para tomadas de decisões?

Essa confiança, seja grande ou pequena, está vinculada ao conceito de Maya, que envolve a ideia de seguir na direção correta ou se perder em caminhos ilusórios que não conduzem a resultados concretos.

Ao explorar esse conceito, compreendemos que tal ilusão pode ter um significado profundo, associado à espiritualidade. No entanto, meu objetivo aqui é destacar que, independentemente do nome que atribuímos a isso, sempre existe um trajeto que nos direciona a uma melhor versão de nós, e, constantemente, nos deparamos com encruzilhadas que exigem escolhas sobre qual caminho seguir.

É muito comum encontrar explicações sobre o que é o mundo real e o irreal como se fossem camadas. Todos nós temos a capacidade de perceber esse estado de conexão – parece que algo dentro de nós se expande, cresce – e de desconexão – quando nos sentimos comprimidos, receosos, diminuídos.

E quando você percebe com mais clareza essas camadas e esses estados, é natural manter-se na camada da expansão.

Podemos relacionar uma camada com nossos valores pessoais, com o autodesenvolvimento, com a expansão do conhecimento, com a sensação de realização, a confiança; e a outra camada com a distração, a perda de foco, a insegurança, o medo e o entristecimento.

O importante aqui é apenas perceber que há uma passagem entre essas camadas. Ficamos indo e voltando o tempo todo. Quando você está em uma camada de expansão, é possível seguir intensamente por uma profunda descoberta. Quando você está em uma camada da compressão, também poderá viver uma experiência profunda – é possível seguir até uma quase total desconexão de si mesmo, perda de lucidez, depressão e pânico.

O aprendizado sobre como perceber essas passagens entre camadas é um caminho seguro para assumir o papel principal em sua vida.

NOVA CAMADA

O que percebo hoje é que estamos em via de criar uma outra camada, a da realidade virtual. Quando falamos em metaverso, quando falamos em um mundo de avatares, em óculos de realidade virtual, estamos construindo uma nova camada de existência. Devemos considerar parte de nossa natureza real a virtualidade?

O foco principal será o *compartilhamento*. A sociedade vai decidir quem terá acesso a diferentes níveis de inteligência que transcendem o nosso. A inteligência artificial, que poderia ser chamada de inteligência virtual, é um passo da transformação digital que terá um impacto civilizatório maior do que todas as outras mudanças que a digitalização nos trouxe. É, sem dúvida nenhuma, a maior transformação tecnológica da história.

Perceba que o conceito de "inteligência artificial" é bastante diferente do conceito de "compartilhamento da inteligência artificial". Durante muitos anos ouvimos falar sobre o poder da inteligência artificial, mas como isso nos impactava? Você fazia uma busca de algo na internet e de repente este "algo" começava a pipocar em sua tela onde quer que você estivesse. E então dizíamos: "Poxa, é a IA". Agora estamos sendo monitorados em tudo que fazemos.

De fato, essa não era uma grande mudança em nosso dia a dia, era algo que não nos parecia atraente – exceto para um comerciante que pretendia fazer uso da ferramenta. Com o tempo, começamos a perceber uma grande preocupação em relação ao compartilhamento de dados pessoais e a capacidade de grupos de comunicação potencializarem seus poderes de manipulação.

Até então, perceba que as pessoas comuns, como eu e você, não tínhamos acesso ao uso da IA, apenas éramos alvos daqueles que a utilizam. O ChatGPT foi o primeiro a compartilhar o uso da inteligência artificial em massa, de forma que agora temos acesso a uma máquina de calcular de letras e palavras, e não números.

Fique atento a esse conceito, pois há uma grande diferença entre um buscador e a IA. Em um buscador, como o Google, os resultados "corretos", ou que aparecem primeiro, são determinados por um processo de "leilão de palavras". Por exemplo, ao buscar "hotel em São Paulo", o primeiro resultado será de quem pagou mais por esse termo. Se você fizer uma busca por "como me alimentar corretamente", o que aparecerá primeiro será aquele que pagou mais pelo termo. Isso se estende a todos os tipos de busca.

A máquina de calcular parece estar aí há milênios, só que não! A calculadora como a conhecemos hoje, um dispositivo eletrônico ou mecânico projetado especificamente para realizar cálculos matemáticos, tem uma história que remonta ao século XVII, quando Blaise Pascal inventou a Máquina de Pascal, uma máquina mecânica que podia executar operações aritméticas.

No entanto, a calculadora eletrônica, que se tornou mais comum no século XX, teve um avanço significativo com o lançamento da calculadora de bolso, em 1970, pela empresa Texas Instruments. Essas calculadoras eletrônicas portáteis tornaram-se amplamente disponíveis e populares devido à sua capacidade de executar cálculos matemáticos de maneira rápida e precisa.

Tome consciência de que colocar a data e o horário de nascimento de alguém em um site e obter um mapa astral é muito diferente do que ter certeza da posição dos planetas, um a um, fazendo todos os cálculos a mão em uma folha de papel. Pare um minuto e procure avaliar o trabalho e o nível de dificuldade de fazer um mapa astral, que remonta a posição dos corpos celestes em determinado momento passado. Você tem noção da capacidade de um matemático/cientista capaz de fazer um mapa astral a mão?

Até pouco tempo atrás, um músico afinava seu violão usando apenas o ouvido, o que significava que quem tinha um ouvido excelente conseguia deixar o violão muito mais afinado do que outros. Saber tocar violão também envolvia saber afiná-lo, o que incluía ter um bom ouvido e saber ajustar as cordas. Hoje fazemos músicas com uma máquina.

Durante muito tempo me considerei um dos melhores operadores do software Logic, o primeiro a oferecer *loops*, a essência das músicas feitas com máquinas. Mais ou menos o mesmo grau de dificuldade de fazer um mapa astral hoje em um site no qual só é preciso colocar a data e clicar no botão. Eu mesmo sou capaz de fazer uma música em menos tempo do que você levaria para ouvi-la. O que muda é que o processo não existe mais. Seguimos da estaca inicial para o resultado em minutos ou segundos.

A máquina de calcular foi um impacto gigante no desenvolvimento tecnológico. Imagine a evolução entre um mundo de cálculos feitos à mão para um mundo da calculadora. O mesmo acontece com o ChatGPT. Ele é uma evolução absurda no entendimento da linguagem, e o desdobramento dessa tecnologia transformará por completo a sociedade.

Observe a importância desse compartilhamento não pelo que a IA é ou será capaz de fazer, mas pelo marco de oferecer ao público a sua utilização.

Se você sabe jogar damas ou xadrez, que são jogos nos quais o elemento sorte e azar não ocupam um local de relevância, pode experimentar jogar contra um software. Exceto se você for um campeão, não vai conseguir ganhar do aplicativo no modo avançado, ele provavelmente vai ganhar fácil.

Existe uma expressão entre os jogadores online de xadrez que é "jogar maquinado", ou seja, você está lá na sua casa, queimando a cabeça para jogar comigo, e eu estou usando o meu aplicativo para jogar contra você. Uma forma injusta e muito sem graça de estragar a competição.

Mas você já deve estar percebendo aonde eu estou querendo chegar: em um mundo onde todos estamos "jogando" ou "pensando" maquinados. Se tivermos dois jogadores maquinados jogando xadrez, vence o que possui a melhor máquina.

A IA, quando operante em todas as atividades, será capaz de criar um universo digital tão semelhante à realidade que poderá seduzir alguns a construir e viver de maneira a dar prioridade a esse cenário.

Tratar de assuntos relacionados a IA, como estou fazendo agora, é assumir a certeza de que o texto se tornará datado, ou seja, um escrito que contém informações específicas ou eventos relacionados a uma data específica no passado, e nesse caso as mudanças serão em efeito dominó, tanto no comportamento social quanto nas funções profissionais.

O que de forma alguma corre risco de ser datado é a reflexão sobre o protagonismo, sobre como seguir um curso de vida em que olhamos para trás e ficamos feliz ao avaliar o caminho que percorremos.

SEGUNDA VIDA

Assim que a internet começou a atingir um número maior de pessoas, ainda antes do aparecimento das redes sociais, uma espécie de rede ficou conhecida, o Second Life.

A plataforma, criada por uma empresa chamada Linden Lab, foi fundada por Philip Rosedale em 1999, e o mundo virtual Second Life foi lançado publicamente em 2003. A empresa tem sua sede em São Francisco, na Califórnia. Second Life permitiu que os usuários criassem seu próprio conteúdo, como edifícios, objetos, roupas, e interagissem em um ambiente virtual em constante evolução. Essa plataforma inovadora foi uma das precursoras dos mundos virtuais sociais e da economia virtual. O Second Life ainda não acabou, mas sua popularidade e relevância diminuíram ao longo dos anos.

A percepção foi precisa ao oferecer aos outros a possibilidade de viver uma vida que não é a sua vida em si, mas uma segunda opção. O que eles não conseguiram prever é que a internet como um todo seria isso, uma segunda vida na qual as pessoas usam filtros para ficar com o rosto que desejam, mostram seus lados mais belos, desfilam suas roupas mais bonitas e aparecem em suas melhores performances.

A internet é uma grande oportunidade de parecer aquilo que não somos, de uma forma pela qual verdade e ilusão se misturam.

Sendo a internet uma oportunidade, ela é o abrigo perfeito para os oportunistas – substantivo muitas vezes utilizado para indicar uma pessoa que aproveita as circunstâncias ou situações em seu benefício, frequentemente de forma egoísta e sem consideração pelos outros, buscando obter vantagens pessoais, ganhos ou benefícios sem se importar com princípios éticos ou morais. Esse mar de oportunidades e oportunistas oferecerá toda espécie de vantagens para que você continue online, se possível, 24 horas por dia.

Enquanto eu me lembro da primeira vez que acessei o Second Life na sala de gravação do VU STUDIO na Avenida Ibirapuera, em São Paulo, percebo o movimento do gato Sansão pelo deck de madeira de onde escrevo, na restinga das dunas do Campeche.

Ele agora está incomodado com a presença rara do gato branco de cara redonda da vizinhança. O vento sul começa a bater mais forte, indicando que o tempo vai dar uma fechada, e traz também um ar gelado, mas com a umidade gostosa do oceano.

Por um momento dou uma pausa para ouvir o som das ondas se quebrando e percebo a reciprocidade símia, o movimento de quatro macacos que se movimentam cautelosamente pelas árvores fazendo o mesmo que eu. Eu os observo, e eles me observam de volta.

Tomo consciência da força infinita do mar, sinto vontade de estar em um veleiro em alguma parte do nordeste brasileiro. Penso em quando escreverei a última linha deste livro, como uma viagem que chegou ao fim.

E mais uma vez volto à tela do computador como quem se volta ao interlocutor com o objetivo de se comunicar.

Assim observo com clareza as passagens sutis entre as camadas de realidade, entre a tela do meu computador, o mar, os macacos, o Second Life e a preocupação do gato Sansão.

Eu espero que você esteja me acompanhando na ideia de perceber como é o seu funcionamento particular e intransferível por essas camadas. Todo este capítulo é voltado para chamar a sua atenção, várias vezes, para essa percepção e consciência de passagens.

A melhor maneira de fazer com que você entenda o conceito de camadas é este: fazendo você as sentir, em vez de raciocinar sobre elas.

PRAGMATISMO

Para alguns autores, Maquiavel foi um dos precursores do pensamento pragmático, que mais tarde se tornaria um termo do campo da filosofia.

Charles Sanders Peirce foi um filósofo, lógico, matemático e cientista norte-americano, frequentemente considerado o fundador do pragmatismo, uma escola filosófica que enfatiza a prática e os resultados práticos como critério para determinar o significado e a verdade de conceitos e crenças. Ele introduziu o termo em um artigo publicado em 1878. O objetivo de Peirce era criar uma abordagem científica para a filosofia, uma que estabelecesse clara relação entre a teoria e a prática.

É interessante e curioso notar que, quando ouvimos alguém falar de Maquiavel, observamos que traz quase sempre como referência a obra *O Príncipe*. Maquiavel morreu em 21 de junho de 1527, e tal obra foi publicada postumamente em 1532. Os textos circularam em manuscritos durante a vida de Maquiavel, mas só chegaram ao público em forma impressa após sua morte. Isso contribui para o mistério e as várias interpretações em torno do livro. Alguns estudiosos consideram que a obra foi uma compilação de textos não exatamente feita pelo próprio Maquiavel. Uma consideração que cabe fazer é que Maquiavel nunca ao menos leu *O Príncipe* como fora publicado, e mesmo assim a obra é considerada a mais importante do autor.

Costumamos associar uma ideia maquiavélica a uma ideia capaz de produzir efeitos com segundas intenções e com consequências malignas, mas vamos observar uma reflexão muito importante para que você segure com destreza o leme de sua vida – e na direção certa.

Nossas atividades profissionais são voltadas a obtenção de resultados. Um negócio exige o alcance de determinado objetivo concreto. Se você pretende comprar uma mercadoria e vender por um preço maior para obter lucro, a operação só faz sentido se o lucro de fato acontecer. Se você ao terminar a operação com um prejuízo inesperado, ela foi um fracasso.

Podemos definir metas e objetivos e avaliar se foram alcançados ou não. Sendo assim, é possível estabelecer metas de longo e curto prazo. Podemos avaliar a sua performance em um encontro cujo objetivo é realizar a venda de um projeto ou produto. Ao final desta reunião pontual, se o seu *prospect* comprou, foi um sucesso; se ele não comprou, foi um fracasso.

Esse exame, verificação ou medição do resultado é o que importa para Maquiavel. Se sua performance foi suficientemente eficaz para atingir o objetivo, ótimo! Se não deu o resultado esperado, foi mal.

Se o cliente ficará satisfeito, se o produto ou projeto serão entregues, ou qualquer variante nesse sentido está fora do nosso campo de observação. O que interessa é que queríamos vender e a venda foi efetivada.

Um olhar interessante sobre isso é ponderar a abstração de resultados. Talvez você conheça pessoas que estão sempre construindo cenários para justificar a não obtenção do objetivo, que era o resultado buscado. "Não conseguimos o que queríamos, mas veja pelo lado positivo, a reunião foi excelente e pode abrir novos negócios."

O que Maquiavel poderia dizer? Que isso parece ser uma corrupção para não assumir um fracasso. Trago essa reflexão maquiavélica para o universo do protagonismo para iluminar a questão da finalidade, do objetivo alcançado.

De fato, para seguirmos adiante é fundamental que as coisas aconteçam, e para isso é preciso um esforço eficiente. É importante ponderar o quanto você tem agido em busca de resultados, observando exclusivamente o foco principal.

Uma pergunta que me passa pela cabeça, e que você pode também se perguntar, é se Maquiavel agia de acordo com aquilo que fora publicado em seu livro pós-morte ou se são indagações filosóficas. Porque, se ele agia dessa forma, é muito inteligente observar e aprender o máximo com o próprio autor e observar os efeitos de tal método.

Niccolò Machiavelli foi preso e submetido a tortura em 1513. Esse episódio ocorreu após a queda da República Florentina e o retorno da família Medici ao poder. Machiavelli foi implicado em uma conspiração para derrubar os Medici, embora a participação real na conspiração seja matéria de debate entre historiadores.

O poder do pensamento crítico nos mostra que observar apenas o cumprimento do efeito desejado imediato pode trazer consequências negativas.

O que procuro chamar atenção aqui é: às vezes, alcançar um efeito desejado pode nos levar a uma comemoração prematura, talvez os desdobramentos do efeito desejado não sejam tão bons assim...

Você faz a venda, comemora, e depois percebe que perdeu para sempre o cliente. Nesse caso, o objetivo inicial foi alcançado, mas em seguida veio uma péssima notícia. As consequências do cliente insatisfeito que agora não confia mais em você foram um desastre sob a perspectiva do alcance de suas metas futuras.

O que entra aqui é outra questão: não é só sobre atingir o alvo, mas sobre a qualidade da mira e a percepção de seus objetivos mais elevados, que passaremos a chamar, a partir de agora, de **sua estratégia**.

A qualidade da mira vai depender da sua capacidade de entender o que traz uma sensação em que você gostaria de permanecer, remontando as considerações originais sobre as camadas. Entender como transitamos entre essas camadas e identificar onde está a camada em que você gostaria de ficar de forma permanente é o assunto central deste livro.

No capítulo seguinte, nós vamos observar como agir de forma pragmática para obter de resultados objetivos. Ou seja, a partir das próximas páginas você vai melhorar muito a qualidade da sua mira, mas será imprescindível também que se desenvolva na qualidade do alvo.

DESTAQUES PARA O PROTAGONISTA

1. É fundamental observar nossa movimentação entre as camadas. Reconheça aquelas em que se sente em expansão, conectado consigo mesmo e com a natureza, e aquelas em que experimenta compressão, estresse e tristeza. Compreenda como você faz a transição entre essas camadas e seja capaz de identificar quando e onde se sente bem.

2. Para definir um rumo, é essencial conhecer o seu ponto de partida. Pergunte-se onde você está, pois esse é um indicativo de sua confiança em seu gabarito. Avalie o nível de confiança nos seus critérios pessoais de tomadas de decisões.

3. A internet é uma grande oportunidade para parecermos diferentes do que realmente somos, em um ambiente no qual verdade e ilusão se entrelaçam. Como tal, a internet também se torna um habitat ideal para oportunistas.

*A maneira como você vive o dia a dia é fruto
de várias decisões, grandes e pequenas,
que o levaram até onde está hoje.*

5

ENTENDA SUA TRAJETÓRIA
e ganhe potência

PLANO DE AÇÃO

"No labirinto da era da informação, sua localização determina não apenas onde você está, mas quem se tornará."

A reflexão feita no capítulo anterior é o marco inicial para estabelecer uma estratégia. Memorize para sempre esta cena: alguém liga para sua casa perguntando como chegar até você. A resposta depende de uma informação crucial: o ponto de partida da pessoa.

Essa indagação pode ser desdobrada em várias facetas: onde estou em termos de saúde, idade, posição geográfica, condição social? Para cada aspecto, um ponto de partida diferente se revela.

Considere agora qual desses aspectos da vida você valoriza mais. Em qual deles você tem focado atenção e energia? Seria, por exemplo, no aspecto financeiro ou na saúde? Qual deles tem sido o alvo mais frequente de sua dedicação?

Quando abordamos o protagonismo em nossa vida, há um segmento que sobressai em importância: as suas fontes de informação. Ao perguntar "onde você está?", busco entender também onde você se encontra nesse espectro em específico. Como você adquire o conhecimento que determina suas escolhas e decisões em todos os segmentos da vida?

Suponha que deseje melhorar a saúde. Essa decisão será baseada nas informações em que confia. Se você utiliza as dicas de um programa de auditório ou influenciadores do YouTube, provavelmente fará escolhas diferentes das de alguém que conhece um profissional de saúde e recebe indicações de livros ou orientações de profissionais reconhecidos da área.

Isso é semelhante ao gabarito descrito anteriormente. Você se lembra da ideia de que descobrimos se algo está certo ou errado, comparando com as respostas que acumulamos ao longo da vida? Esse conjunto de experiências e conhecimentos forma seu gabarito pessoal.

A questão central é o quanto você confia nesse gabarito para verificar se as respostas estão certas. A resposta determina uma outra indicação de onde você está. Percebe? Um gabarito confiável, repleto de conhecimento e experiência, indica uma posição; um gabarito impreciso, com informações equivocadas, indica outra.

Essas são as localizações no mapa da vida. O que as determina são as fontes de informações acessadas para adquirir conhecimento e moldar opiniões. Se você se baseia em fontes de informação de alto nível, receberá orientações corretas para as tomadas de decisões. Esse entendimento é vital em um ambiente onde qualquer pessoa pode publicar orientações e as plataformas se isentam da responsabilidade sobre as informações disponibilizadas.

A era da informação, que começou no início do século XX, agora deságua em um período no qual se tornou a antítese de si mesma, tornando cada vez mais difícil evitar o que Hans Rosling descreveu como "saber errado".

Estar bem-informado hoje em dia é um exercício que demanda esforço e certos pré-requisitos. Vamos observar brevemente alguns elementos, demonstrando a complexidade desse desafio.

ELEMENTOS

PENSAMENTO CRÍTICO: Questionar ativamente as informações, entender as motivações por trás delas e avaliar a lógica dos argumentos.

CONSCIÊNCIA DE VIÉS: Os *vieses individuais* são crenças pessoais, como contexto cultural particular ou influência de interesses que interferem na sua interpretação sobre o que está sendo recebido. Esteja consciente a respeito da tendência de desconsiderar as informações que não te agradam e dar atenção e compartilhar aquelas que confirmam a sua opinião pré-estabelecida.

DIVERSIDADE DE FONTES: Obter informações de uma variedade de fontes para uma visão mais equilibrada e menos generalizada dos eventos.

EDUCAÇÃO MIDIÁTICA: Compreender o funcionamento dos meios de comunicação, incluindo o papel do jornalismo, da publicidade, e a influência política e econômica.

CETICISMO SAUDÁVEL: Manter um ceticismo em relação a todas as informações, estando aberto a novos pontos de vista, mas também exigindo provas e raciocínio lógico. Um exemplo clássico é a imagem de um estádio de futebol na qual você vê uma grande quantidade de pessoas. Com uma simples troca de áudio, pode parecer que a multidão faz um coro para xingar alguém, mas não é verdade. É apenas um áudio produzido e editado em cima da imagem de uma torcida, entende?

CONHECIMENTO INTERDISCIPLINAR: Ter um entendimento básico de várias disciplinas ajuda a compreender e contextualizar as informações.

Essa lista não é nada fácil de cumprir, é?

Chamo sua atenção para mais uma coisa: mesmo que você cumpra todos esses quesitos enquanto busca suas informações de forma criteriosa, estará sempre exposto à onda digital que o impactará o tempo todo, dizendo "o mundo é assim, as pessoas são assado, fulano é ladrão, beltrano é sensacional, ciclano falou isso e aquilo, ciclano desmente que falaram que ele falou isso e aquilo", e assim por diante. O principal efeito disso é o fato de as organizações de informação pautarem os seus assuntos pessoais e as suas preocupações.

Agora que você estará atento a essa questão, perceberá que todos a sua volta de forma repentina começam a falar, postar e discutir os mesmos assuntos, que podem ser sazonais ou esporádicos.

Os sazonais são como as Olimpíadas, as eleições ou a Copa do Mundo. Eles tomam boa parte da atenção, mas terminam e passam.

O assunto esporádico toma a atenção de todos e, possivelmente, a sua também. Ele pode ser, por exemplo, um escândalo envolvendo artistas famosos, traições de relacionamentos, escândalos de corrupção, conflitos internacionais e guerras, notícias assustadoras sobre desastres naturais... Perceba que são assuntos que aparecem e desaparecem sem que tenham sido resolvidos. Simplesmente são retirados de pauta, e você não ouve mais nada sobre isso. Mas as pessoas continuam lá, assoladas pela guerra, por exemplo, mas nada mudou, só o assunto que está em alta.

Um caso peculiar foi o corte de cabelo estilo Cascão do jogador Ronaldo, durante a Copa do Mundo. Ele estava cansado de ver os "comunicadores" falarem sobre sua lesão no joelho e fez um corte de cabelo muito esquisito, semelhante ao personagem Cascão da Turma da Mônica. Assim, a mídia começou a falar sobre o cabelo do jogador e se esqueceu da lesão.

Você pode encontrar vídeos do Ronaldo, agora já aposentado como jogador, contando a história de como elaborou o corte de cabelo para que a lesão saísse da pauta. É surpreendente, não? Essa noção é transformadora!

Com esse conhecimento, você pode observar onde está e também onde os outros estão. Ademais, conseguirá se relacionar nesse ambiente conturbado de conflito de informações e de posições polarizadas. Você continuará a encontrar pessoas cheias de certeza baseadas em fontes de má qualidade e cheias de vieses, mas agora pensará com mais cautela antes de partir para um debate.

A era da informação transformou-se em uma jornada complexa, na qual navegar com sucesso requer não apenas discernimento, mas também uma dedicação contínua ao desenvolvimento pessoal e intelectual. A maior forma de manipulação é exatamente a distração, e se queremos nos manter focados no desenvolvimento de uma meta ou no cumprimento de uma estratégia, devemos estar atentos àquilo que nos distrai e rouba nossa energia.

Diante desse discernimento estamos prontos para pegar o leme da vida em nossas mãos e trabalhar no crescimento de nossos negócios e de nossa trajetória profissional.

CONEXÕES

As conexões são grandes responsáveis pelos acontecimentos. Meu livro *Comunicação e persuasão* me conectou com Leny Kyrillos, fonoaudióloga, consultora em comunicação, palestrante e escritora. Ela me apresentou ao jornalista Milton Jung, âncora do *Jornal da CBN* e do *Mundo Corporativo*. Por ele, fui entrevistado e conectado a Gilberto Schiavinato, sócio-diretor da Consultoria Talentos do Agro, que me levou para três palestras na multinacional australiana NuFarm. Assim, fui conectado a

Pedro Tagliari, executivo de Operações e Cadeia de Suprimentos LATAM na Sumitomo Chemical.

A primeira palestra foi em São Paulo, a segunda em Campinas, e a terceira no município de Aquiraz, a 32 quilômetros de Fortaleza. Em um gostosíssimo hotel resort chamado Don Pedro Laguna, localizado na praia e com o astral indescritível do litoral cearense.

Sentados ali, na mesa próxima às dependências do restaurante, Pedro me explicou que gostaria de fazer um trabalho de mentoria com executivos que se apresentariam em um congresso. Esse evento receberia não só a sua equipe do Brasil, mas também alguns profissionais sul-americanos. Pedro havia se interessado pela maneira leve e organizada como eu apresentava alguns assuntos e me perguntou se eu utilizava um método específico. Ele tinha o objetivo de compartilhar esse método com sua equipe de apresentadores, a fim de proporcionar uma conferência de negócios mais atraente e capaz de prender a atenção e engajar os participantes.

Iniciamos nossos trabalhos com uma reunião produtiva envolvendo os doze profissionais que fariam apresentações no dia da convenção. O objetivo era identificar e listar as principais críticas que eles tinham. Do que não gostavam?

No topo da lista, estava a insatisfação com palestrantes que dependem excessivamente de textos nas projeções, que escrevem o que devem dizer nos slides. Essa prática transmite a impressão de que o apresentador não está familiarizado o suficiente com o conteúdo que está apresentando. Ou seja, está simplesmente lendo.

Em seguida, abordamos a questão de gráficos e planilhas entediantes, seguida de críticas a apresentadores que não respeitam a duração, estendendo-se além do tempo.

Outras críticas levantadas incluíram a desorganização das ideias, a ausência de exemplos práticos e relevantes, a falta de entusiasmo, a falta de capricho ou preparação adequada, a tendência à autopromoção, a inabilidade em estabelecer uma conexão genuína com o público e o uso de conteúdo reciclado de apresentações anteriores.

Em seguida, fizemos uma lista com tudo aquilo que eles admiravam em uma apresentação. Assim, encerramos o encontro com um acordo comum, com a anuência de todos os apresentadores, daquilo que iríamos fazer e também do que não haveria em nossas apresentações.

A partir de então, iniciaram-se meus encontros individuais com cada participante, durante os quais trabalhamos a apresentação em um formato humano e interessante. Esse foi o começo de um trabalho que hoje já impactou mais de quatrocentos profissionais em cinco países.

OS ESTÁGIOS DA TRAJETÓRIA PROFISSIONAL

Nosso primeiro encontro de mentoria com o próprio Pedro Tagliari foi marcado em seu apartamento no bairro do Campo Belo, em São Paulo. Sentamo-nos em uma mesa com uma vista bonita da cidade. Ainda não nos conhecíamos muito bem, de forma que ele se sentiu um pouco contrariado quando sugeri que partíssemos do zero, embora ele já tivesse trabalhado em uma versão de apresentação.

— Vou apenas passar rapidamente para que você me diga o que acha, e então iniciamos.

— Prefiro que não faça isso, por favor. Apenas me conte sem mostrar nada, fale do assunto que será abordado.

— Pois então... Eu preparei esse material justamente para te mostrar o assunto abordado.

— Sim, que ótimo, mas eu prefiro não ver agora. Quero primeiro conversar com você, pode ser?

Eu tinha aprendido em mais de trinta anos de composição e produção de trilhas sonoras que quando alguém te mostra uma referência, ela constrói marcos que nunca mais serão desfeitos. Depois de olhar uma apresentação, como poderia sugerir para começarmos do zero?

Depois de batermos um breve papo, entramos no assunto da apresentação que tratava sobre eficiência, eficácia e gestão de tempo. Um apanhado de assuntos que me interessavam profundamente, de modo que eu não ouvia aquilo como um mentor, como alguém que tem um ponto de vista crítico, observando a forma como o conteúdo estava sendo apresentado. Eu o escutava como alguém que desejava de verdade aprender o conteúdo.

O fato é que, quando a explicação terminou, eu tinha entendido os princípios, mas não exatamente como aplicá-los na minha estratégia profissional e no meu dia a dia. Então falei:

— Será que você pode me explicar novamente? Gostaria muito de entender para que eu mesmo possa aplicar isso em minha carreira. Se alguém da sua equipe quiser ser assim, exatamente como você está falando, o que deve fazer especificamente?

Percebi que Pedro respirou fundo novamente. Era uma manhã de sábado ensolarada, um dia lindíssimo, e não parecia o momento apropriado para perder a paciência, apesar do meu acúmulo de negativas... Não parecia um bom começo.

Ele com paciência me explicou de maneiras diferentes, dedicando-se ao máximo para ser compreendido, mas mesmo assim eu não entendi completamente a aplicabilidade do assunto.

Criei coragem para dizer o meu segundo "não entendi". Foi quando percebi que talvez fosse a última vez na vida que diria essas palavras, pois estava prestes a sair voando, arremessado pela janela do 28º andar, para conhecer mais de perto o telhado de algumas casas do Campo Belo.

O momento urgia salvar a própria vida, mas, por sorte, ele respirou mais uma vez, talvez motivado pela ideia de não passar os próximos anos tendo que explicar o que aconteceu. Então calmamente buscou um papel e uma caneta e disse:

— Eu vou desenhar para você!

Ele desenhou duas linhas do tempo, a da estratégia e a dos pepinos e abacaxis do dia a dia. Assim começamos a nos divertir e a criar uma das palestras mais interessantes a que assisti na vida. Mais tarde, incluí parte de seu conteúdo em minhas palestras corporativas.

Leve com você este mapa de autodesenvolvimento para construir e desenvolver a sua estratégia! Ele serve para uma carreira dentro de uma organização assim como para uma carreira empreendedora.

VENCER O DESCONHECIDO

VOLUNTARIAR-SE PARA CENÁRIOS DESCONHECIDOS
APRENDER E GANHAR CONFIANÇA

FORMALIZAR AS INICIATIVAS

QUESTIONAR O STATUS QUE CATALISAR ENVOLVER

PENSAR ESTRATEGICAMENTE

ADOTAR A VISÃO HOLÍSTICA

VENCER O DESCONHECIDO

No início, chegamos munidos de energia e vontade de desbravar e vencer o desconhecido. Logo percebemos nossos limites e enfrentamos cobranças sobre nossa capacidade de produção e relacionamento.

Essa fase de adaptação é comum a todas as áreas. Muitos profissionais em início de carreira acreditam que os desafios que enfrentam são únicos ao seu campo. No entanto, ao ouvir frases como "no campo jurídico, é diferente", ou "em uma equipe de vendas tudo é complicado", percebemos que essas dificuldades são universais.

Escolher um caminho implica renunciar a outros, o que pode ser um dilema. É importante não cair na armadilha de achar que suas barreiras são exclusivas. Todas as atividades têm em comum a presença de seres humanos, com diferenças e semelhanças. Você encontrará desconhecidos semelhantes em qualquer lugar.

À medida que se integra ao novo ambiente, você define novos objetivos e expande seus horizontes. Essa clareza abre portas para possibilidades e ambições, funcionando como um motor que impulsiona o crescimento. O oposto seria a desmotivação e a frustração. Mas, ao iniciar sua carreira e visualizar oportunidades, um encantamento o faz levantar todos os dias com disposição para realizar o que suas escolhas permitirem.

Isso destaca a importância do protagonismo na vida. Sua trajetória é moldada por uma série de decisões que determinam onde você está. Avaliar essas escolhas e reconhecer que enfrentar o desconhecido faz você crescer é um sinal de que está no caminho certo.

Ter parceiros de trabalho com essa mesma perspectiva de ir além é fundamental. O que você admira nos outros é o que eles procuram em você. Esse desejo de superar limites, aliado ao conhecimento, é essencial para alcançar satisfação e significado no trabalho.

APRENDER E GANHAR CONFIANÇA

Veja a importância de reconhecer e valorizar a posição atual na sua carreira, entendendo que cada etapa é um degrau necessário no processo de crescimento. A consciência de que você está no lugar certo, usando a "camisa" adequada ao momento presente, é essencial. Isso evita a armadilha de acreditar que já domina completamente o cenário e de aspirar prematuramente a posições ou sucessos superiores sem ter construído a base necessária.

Compreender e aceitar que o aprendizado e a experiência vêm com o tempo e a prática é essencial para crescer de modo sólido e sustentável na carreira.

A transição de um estágio inicial, cheio de novas experiências, para um estágio mais avançado ocorre quando somos capazes de desenvolver nossa estratégia dentro da função e, assim, nos motivarmos com a realização dela. Essa combinação tem um efeito muito poderoso que acontece quando nos apaixonamos pelo exercício de nossa função.

Se algo está começando a fazer sentido para você, potencialize isso com uma suposição. Se você estivesse procurando um parceiro, qual seria o valor dado a essa característica? Não é exatamente esse parceiro que você procuraria? Um parceiro apaixonado pelo exercício de sua função? Entenda que a transição de um iniciante para um profissional consciente de seus limites e apaixonado pelo que faz envolve desenvolvimento progressivo, tanto pessoal quanto profissional.

Essa jornada é marcada por aprendizados contínuos e pela crescente compreensão de habilidades e paixões. Acontece no dia a dia, através de experiências, desafios e reflexões. O profissional observador perceberá que vencer o desconhecido é tanto combustível quanto vitamina para sua performance, valorizando a busca pelo autodesenvolvimento.

Identificamos aqui a passagem de dois estágios: o primeiro, de experimentar novas situações; e o segundo, de integrar essas experiências e desenvolver estratégias eficazes dentro da função, mantendo-se automotivado com as próprias iniciativas.

VOLUNTARIAR-SE PARA CENÁRIOS DESCONHECIDOS

Nesse momento passamos para um terceiro estágio, no qual o profissional tende a se voluntariar para cenários cada vez mais desconhecidos.

Sabemos que a trajetória profissional não acontece de forma lisa e regada de bons momentos a todo instante e que enfrentaremos adversidades com frequência. Lidar com desafios não é exceção. Enfrentar problemas não será uma anormalidade ou um acidente de percurso, mas um elemento comum presente por todo o caminho.

Existem os dias em que tudo dá certo e os dias em que nem tudo dá certo. Eu, particularmente, não tenho a menor expectativa de que essa dinâmica mude. Afinal, o protagonismo é também a sua capacidade de viver em harmonia em um mundo que nem sempre sorri.

O entendimento dessa mudança de estágio é muito importante, pois é uma armadilha perigosa para o autodesenvolvimento reconhecer como abrigo aquilo que se obteve, como um cargo ou uma posição conquistada. Isso se assemelha à acomodação ou ao medo de perder aquilo que fora conquistado. Na grande maioria das vezes, não vale a pena se abrigar logo na primeira posição aparentemente protegida de intempéries.

O termo "intempéries" usado aqui é para chamar atenção para a condição ou situação de estar ao ar livre, exposto ao tempo; ou seja, às condições climáticas adversas, como chuva, vento, sol forte, entre outros.

Você já deve ter passado pela situação de ser surpreendido por uma chuva e acabar encolhido em algum telhadinho que claramente não seria uma posição de conforto se a chuva apertar um pouco. Por isso, ao passar para o estágio de voluntariar-se para cenários cada vez mais desconhecidos, você não se satisfaz com um telhadinho como abrigo. A decisão pelos cenários cada vez mais desconhecidos é o oposto da estagnação.

Essa escolha pode ser uma armadilha fatal para aqueles que confundem sua verdadeira paixão. Eles podem abandonar o amor pelo exercício de sua função por, talvez, terem se apaixonado pelo salário ou por conquistas efêmeras que, no futuro, provavelmente se revelarão decisões infelizes tomadas no passado.

Dedico um cuidado extra na apresentação desse conceito porque é um entendimento complexo. Aqui, voluntariar-se ao desconhecido se apresenta como uma posição mais segura do que abrigar-se em um local encontrado.

Na verdade, não vivemos sem os desafios. Mesmo que você não os deseje, a vida os trará. O campo profissional é a área na qual ao menos podemos escolher a espécie de desafios que pretendemos encarar, e assim nos preparamos para enfrentá-los. Mas tenha certeza de que você não vai fazer isso sem molhar a camisa quando a chuva vier.

QUESTIONAR O *STATUS QUO*, CATALISAR E ENVOLVER

A partir dessa decisão corajosa, existe um enorme salto de amadurecimento: o profissional se percebe fazendo parte de um organismo muito maior e começa a ser percebido por aqueles que trabalham ao seu redor. Ao se voluntariar, ele automaticamente passa a envolver os outros, seu campo de atuação estabelece outras fronteiras mais amplas e, a partir dessa nova posição, ele naturalmente passa a questionar o *status quo* organizacional.

O *status quo* organizacional é como as engrenagens com que uma empresa funciona no dia a dia. São as normas e regras estabelecidas que todos seguem. Agora, o lado brilhante de questionar o *status quo* é que você está investigando e questionando o que é considerado normal. É como ser um explorador das melhores práticas, procurando maneiras mais inteligentes de fazer as coisas.

Em outras palavras, existem pessoas que se perguntam: "Por que isso é feito assim?".

Certa vez, participei de um programa de entrevistas em que o âncora tinha algumas restrições aos profissionais e executivos de grandes empresas. Em sua visão, as empresas, através de regras e interesses, não deixavam as pessoas fazerem o que queriam.

Mas do meu ponto de vista, ele se esquecia de que as organizações são justamente as pessoas. Daqui a cem anos, todas as pessoas de uma organização de hoje não estarão mais lá, mas, a organização, sim, pode estar.

Ao abrir sua frente de atuação de maneira determinada no exercício de suas funções, é natural que encontre falhas ou resquícios do passado que precisam ser renovados ou evoluídos. Atitude de quem não caiu na armadilha do abrigo e agora passa a perceber que pode ser um catalisador de mudanças.

Aqueles que estão em abrigos de telhadinho não vão gostar de que alguma mudança seja feita, pois sabem que estarão em situação de "segurança vulnerável". Um vento a mais parece que será o suficiente para encharcá-los, porque eles não se sentem completamente parte da organização. O profissional protagonista é capaz de promover mudanças que fortalecem o senso de inovação e afetam todos os envolvidos.

Esta é a chave valiosa que abre a porta para o quarto estágio. A partir desse ponto, a abordagem muda para a simplificação do que parece complicado, com foco especial em tornar situações complexas mais acessíveis. A transformação ocorre ao se tornar um "consultor" interno, muitas vezes responsável por orientar e impulsionar mudanças que simplificam tanto situações quanto processos.

Momento ótimo para o exercício do parceiro. Você gostaria de ter um parceiro assim? Sim! Quem em sua organização ou mercado está buscando um parceiro assim? Todo mundo!

A princípio esse estágio de desenvolvimento aparenta ser tão maduro e elevado que não parece simples conjecturar sobre qual será o próximo patamar. Mas desafiar o *status quo* não é desfazer o modelo organizacional, e sim melhorá-lo e fortalecê-lo. A passagem para o próximo estágio está justamente relacionada ao fluxo de ordem que consegue manter uma estrutura funcionando.

Na maioria das vezes não é fácil a posição de se opor ao que foi feito no passado.

FORMALIZAR AS INICIATIVAS

Ao seguir por esse caminho, é natural que o profissional se dedique a formalizar iniciativas, estruturar e oficializar processos. Ele deixa de ser reconhecido como alguém capaz de simplificar e facilitar situações complexas e passa a formalizar grandes mudanças. Passa a ser um agente oficial de mudanças, propondo ações de maneira formal e concreta.

Para que isso aconteça, esse profissional deve se transformar em um especialista em transformar. Ele age no sentido de potencializar a disciplina estratégica em todos os ramos da vida profissional.

Toda essa trajetória parte da atitude de se voluntariar para experimentar situações desconhecidas, em um mergulho que vai gerar resultados lá na frente, na formalização de iniciativas estratégicas.

 # PENSAR ESTRATEGICAMENTE

O resultado natural do cumprimento desses estágios transforma você em um profissional com pensamento 100% estratégico. Ele parte sempre da visão do todo antes de pensar em resolver problemas com imediatismo e sem uma visão abrangente das consequências da decisão tomada.

Dominar a visão estratégica no mundo contemporâneo é essencial para grandes líderes organizacionais que chegam a um nível alto de desenvolvimento relacional e analítico. Não se trata apenas de enxergar o cenário atual, mas de antecipar movimentos, compreender nuances complexas e tomar decisões que integram diferentes áreas do negócio. É como ter uma visão de

360 graus: você não apenas reage ao que acontece, mas molda o futuro, observando como cada ação impacta o todo.

Líderes assim não se limitam a soluções óbvias; eles criam conexões profundas entre dados, pessoas e oportunidades, movendo-se com precisão e propósito.

ADOTAR A VISÃO HOLÍSTICA

Nesse estágio da carreira, é comum que o profissional ocupe papéis em conselhos e entidades representativas, ampliando sua atuação para o benefício de todo um setor.

O termo "pensamento holístico" sintetiza essa transição. Ele reflete a compreensão de que vida e trabalho não são elementos isolados, mas partes de um sistema interconectado. Ter uma visão holística significa compreender as interações entre suas ações e o impacto que elas geram no coletivo, enxergando o todo com clareza e profundidade.

Ao longo da carreira, cada fase traz novos desafios e aprendizados que moldam a perspectiva e a atuação de um líder. Na fase madura, a visão se expande, e o foco vai além das metas individuais e imediatas. A experiência adquirida e o conhecimento profundo do setor permitem uma compreensão mais ampla e estratégica, quando o impacto social e o bem comum tornam-se prioritários.

Nesse momento, muitos escolhem direcionar a própria energia para atividades de maior relevância social, como influenciar políticas públicas e liderar projetos de responsabilidade social. A motivação passa a ser o legado e a contribuição para a sociedade como um todo, não apenas o sucesso individual ou corporativo.

 # POTÊNCIA

A potência de um profissional está diretamente ligada à sua capacidade de trabalhar em equipe, seja você um empreendedor ou colaborador de uma grande organização.

Existe uma limitação de atividade diárias a serem desenvolvidas, e a ampliação de sua capacidade, que chamei inicialmente de "potência", está relacionada com a sua capacidade de delegar. Recentemente ouvi a queixa de um empreendedor dizendo que não conseguia delegar tarefas pois as coisas nunca ficavam exatamente como ele queria. Bom, a chave para obter resultados satisfatórios está em entender que as coisas não ficarão exatamente como seriam se você as tivesse realizado.

O amadurecimento na arte de delegar é compreender que é exatamente assim que vai ser. É um engano manter as expectativas de recebimentos de entregas com tal olhar. Todos os participantes da corrente de uma atividade colaboram a seu modo para o resultado, que será essa somatória.

Atente-se para uma expectativa libertadora de que as entregas não serão exatamente como você gostaria, como me disse o profissional queixoso, mas diferentes. Será que elas não podem ser melhores do que o esperado? Com o tempo, perceberá que algumas coisas sairão bem melhores do que "exatamente como você gostaria". Aí, estará no caminho certo para atingir resultados excepcionais.

Certa vez, Gilberto Schiavinato, aquele que me apresentou ao Pedro, comentou sobre um grande segredo para a conquista de resultados excepcionais: pessoas certas nos lugares certos.

Apaixonado pelo esporte da pesca, certa vez trabalhamos juntos no desenvolvimento de uma apresentação intitulada:

"10 grandes lições para sua pescaria executiva", em que ele fora aplaudido de pé por mais de quatrocentas pessoas. Aproveitei a chance para fazer perguntas e, entre tantas, voltei à questão das pessoas certas nos lugares certos.

Esse conceito me fez considerar a ideia de que essa é mesmo uma chave muito importante, uma que sempre foi fundamental em trinta anos dentro de um estúdio de som. Chamar os músicos certos para participar de trabalhos e composições de estilos diferentes.

Aquele que usa esse conhecimento trabalha na formação e na estruturação de equipes e delega atividades monitorando os resultados e reestruturando permanentemente a operação. Percebe?

Então passei a fazer perguntas sobre como se desenvolver na capacidade de delegar atividades, procurando entender elementos e etapas. Aprendi que podemos dividir o "delegar" em cinco perguntas. Veja como as camadas de desenvolvimento se conectam, pois estamos aqui falando exatamente de ser um simplificador de algo aparentemente complexo.

Em qualquer aprendizado existe o entendimento daquilo que é o conhecimento teórico e a prática. O conhecimento teórico você adquire através de estudo, mas a parte prática depende de disciplina e treinamento. Você pode ler um milhão de livros sobre natação, mas não vai aprender a nadar antes de pular na água.

Muitas vezes, o ensinamento parece óbvio, mas não é. É o cenário de um professor de tênis ensinando como bater na bola. Devemos mover as pernas em passos curtos e rápidos e levar a raquete para a parte de trás do corpo. Essa armação do golpe deve acontecer antes de a bola se aproximar, para evitar perder o tempo correto. O golpe deve ser executado segurando com firmeza a empunhadura e olhando fixamente para a bola, golpeando de maneira decidida e relaxada, sem atingir a face da bola, mas sim como uma "escovada", na parte inferior, para que ela passe girando com velocidade até o campo do adversário.

Todos nós sabemos nos mover em passos curtos, não é? O que às vezes pode ser um complicador é manter o movimento quando estamos atentos a uma série de outras ações que devem ser feitas simultaneamente.

O jogador iniciante se move em passos curtos, mas se esquece de olhar fixamente para bola. Em seguida consegue fazer as duas coisas, mas não se lembra de segurar com firmeza a empunhadura. Mais tarde consegue juntar quase tudo, mas não se move em passos curtos... Dominar e realizar vários movimentos simultaneamente é a arte do aprendizado de todas as atividades desportivas e musicais.

Então agora vamos conhecer e analisar as cinco perguntas do "delegar".

A primeira pergunta é: **A pessoa sabe?** Perceber se a pessoa sabe fazer aquilo que está sendo proposto parece óbvio, mas não é. Se o seu pedido for para alguém lhe buscar um copo de água, é bastante confortável avaliar a capacidade para tal tarefa, mas quando passamos a atividades mais complicadas, emaranhadas e até confusas, fazer essa avaliação não é tão simples.

A cada solicitação você terá mais capacidade de avaliar as habilidades de alguém para realizar a tarefa proposta. Com o tempo, haverá uma evolução na sua percepção sobre os profissionais – lembre-se de que pessoas estão em constante mudança e desenvolvimento.

Feita essa avaliação e tomada a decisão, esteja focado especificamente no tempo de execução. A segunda pergunta é: **Ela cumpre o prazo?**

Perceba que aqui está um segredo de quem descomplica as coisas. Você deve olhar para tudo? Não! Você deve estar focado em perceber se a pessoa é ou será capaz de entregar no prazo estabelecido. Foque apenas o prazo.

Em seguida, vem a terceira pergunta que pode parecer óbvia mais uma vez, mas não é: **Entrega com qualidade?**

Aqui é onde meu amigo queixoso parece se complicar. Qualidade não é ficar do jeito que você faria, mas aquilo que corresponde aos critérios propostos, dentro de um universo de expectativas que considere a colaboração e as tomadas de decisões do demandado.

Percebe a diferença? A resposta dessa pergunta obedece ao critério de qualidade. Já vamos ver um exemplo.

A quarta pergunta é: **Identifica dúvidas e busca suporte?** Perceba que essa questão vem de maneira muito inteligente depois da qualidade. O que você está verificando aqui é se a pessoa já está na trilha de uma visão colaborativa. Trabalhar para o todo, buscar suporte, conferir os impactos das decisões tomadas na execução da tarefa e identificar dúvidas demonstra que o delegado está buscando os limites do seu âmbito de conhecimento, se aprofundando nos assuntos conexos à atividade.

E a quinta e última pergunta é: **Traz resultados?** Ou seja, a bola está passando por cima da rede, chegando até a quadra do adversário?

Perceba um ensinamento muito importante aqui. Quando você faz a terceira pergunta, sobre qualidade, avalia com seus critérios e julgamentos pessoais. Quando pergunta sobre resultados, os critérios não são mais seus.

Vamos a um exemplo!

Você resolve demandar a divulgação de um treinamento interno que será oferecido, e a decisão de participar ou não é voluntária de cada colaborador. O objetivo é que haja uma adesão grande ao treinamento.

Ao avaliar o "entrega com qualidade", você está checando as ações de comunicação que foram desenvolvidas, tanto na questão que trata os veículos utilizados, quanto a frequência e o teor do material divulgado.

Na quinta pergunta, para avaliar o resultado, você percebe que a sala estava lotada. Com maior adesão do que todas as vezes que você mesmo fez a divulgação do treinamento.

Trouxe resultado? Sim!

Assim você acaba de ganhar muito mais potência, gerando tração com uma maneira vencedora de desenvolver a atividade. Você pode utilizar este roteiro da próxima vez que decidir ganhar musculatura para ampliar sua capacidade de ação.

As 5 perguntas para delegar e ganhar potência

1. A pessoa sabe?

2. Ela cumpre o prazo?

3. Entrega com qualidade?

4. Identifica dúvidas e busca suporte?

5. Traz resultados?

Existe um livro do treinador de tênis Brad Gilbert, chamado *Winning Ugly: Mental Warfare in Tennis – Lessons from a Master* (Touchstone, 2013), popular entre os entusiastas do tênis, no qual o autor compartilha suas estratégias mentais e *insights* sobre o jogo. Ele ensina como um jogador deve sacar contra um adversário canhoto e, ao final do capítulo, faz um comentário de encerramento muito engraçado.

Ele termina dizendo: "Se funcionou contra o John McEnroe, número 2 do mundo, vai funcionar contra o canhoto do seu clube".

Quer dizer, se funcionou diante dos obstáculos enfrentados por esses dois profissionais, vai funcionar para enfrentar os obstáculos que surgirão na sua trajetória.

Tenha certeza de que o entendimento dessas camadas de comportamentos, trazidas neste capítulo, vão funcionar para a conquista de seus objetivos pragmáticos. Eu espero que você esteja percebendo que o entendimento sobre protagonismo faz um movimento de ir e vir em relação à sua capacidade de se mover na direção dos seus sonhos, mas que o conteúdo aqui presente é composto de ferramentas para uma busca maior – a sua realização pessoal.

Mas, afinal, do que você precisa para ser feliz e quando isso vai acontecer? É o que veremos no próximo capítulo.

DESTAQUES PARA O PROTAGONISTA

1. O desenvolvimento de carreira exige um pensamento disposto a desmantelar ideias ultrapassadas e reconstruir nossa abordagem ao trabalho. Isso pode significar abandonar aspirações tradicionais de escalada hierárquica a favor de buscar habilidades e experiências que nos tornem inestimáveis em um mercado em constante mudança. É um convite para repensar radicalmente o que significa ser bem-sucedido na vida profissional.

2. O desejo de ir além, aliado à noção de dimensão do seu conhecimento, é fundamental para alcançar a realização em sua função. Essa combinação não só impulsiona o sucesso como também assegura que suas ambições estejam em sintonia com suas habilidades, trazendo satisfação e significado ao trabalho.

3. Compreender a importância da visão holística no mundo contemporâneo é como descobrir a receita secreta para se destacar profissionalmente e conquistar uma vida mais plena. É como se tornar aquele amigo que sempre parece saber todos os lados da história e, assim, oferece os conselhos mais sábios.

*Evite procurar nos mesmos lugares de
sempre. Encare os espaços mais escuros.*

6

DO QUE VOCÊ PRECISA PARA SER FELIZ
– e quando isso vai acontecer?

PRÁTICA

Do que você precisa para ser feliz – e quando isso vai acontecer?

Este era o exercício que deveria ser feito em casa: pegar uma folha de papel e responder a essa pergunta.

Eu estava no curso Sahaj Samadhi, um termo que vem do sânscrito, frequentemente associado às práticas de meditação. *Sahaj* significa natural ou fácil, e *Samadhi* é um estado de meditação profunda.

O curso de três noites era ministrado pelo professor indiano Akash Barwal, discípulo de Sri Sri Ravi Shankar e instrutor da Art of Living, a maior organização de voluntários do mundo, presente em 158 países.

Eu estava começando o meu processo de aprendizado sobre algo que tomaria grandes proporções em minha vida. Quando, anteriormente, falei sobre os vieses pessoais no contato com as informações, aqui há uma referência clara de como isso acontece.

Nunca dei ouvidos a gurus orientais ou me interessei por yoga, hinduísmo, tao, budismo, nada disso. Eu simplesmente batia o olho e pensava que não era para mim. Mas por obra do destino, acabei entrando em contato com a Art of Living e seguindo uma extensa trajetória de cursos, estudos e práticas individuais.

Me recordo do momento em que a lição foi passada, alguém quis fazer uma pergunta, tirar uma dúvida de como era para fazer. Akash respondeu:

—Você pega uma folha de papel e responde. — Mas o participante insistiu que ainda tinha uma dúvida. — Não tem dúvida! — rebateu o professor. — Pode fazer do jeito que você quiser.

O curso fora assim desde o início. Eu tinha levado uma listinha com umas seis perguntas que gostaria de fazer, mas logo no início quando, alguém levantou a mão, recebeu a explicação de que não haveria dúvidas.

— Não vou tirar dúvidas nem responder a nenhuma pergunta. Isso só serviria para que vocês me perguntassem tudo que vão aprender no curso, mas em outra ordem, dificultando as coisas, percebem?

A frustração veio. Porém, no término dos estudos, visitei minha lista de perguntas e constatei que elas não faziam sentido nenhum. Ainda bem que não perguntei.

Eu estava em minha casa no bairro da Vila Clementino, em São Paulo, próximo ao Parque do Ibirapuera, sentado em uma cadeira. Limpei a mesa, e nela havia somente uma folha A4 onde eu escreveria do que precisava para ser feliz e quando isso iria acontecer.

Do que você acha que precisa para ser feliz?

O processo de aprendizado da visão oriental faz com que você adentre por um caminho totalmente particular e individualizado, apesar de feito em grupo. Minha atração pelos estudos orientais está ligada à produção literária, à intelectualidade e à didática. De forma que reaprendi o pensamento lógico com esses professores. O que eles faziam? Simplificavam aquilo que parecia complexo.

Sugiro que você experimente fazer esse exercício. Sua experiência, tenho certeza, será totalmente particular. É só você pegar uma folha de papel e responder à pergunta da forma que julgar conveniente, pode ser uma lista ou uma redação extensa, apenas responda objetivamente do jeito que preferir.

Naquela mesa, comecei a ponderar sobre do que de fato eu precisava para ser feliz. Inicialmente coloquei a realização de alguns objetivos imediatos, algumas conquistas pelas quais eu vinha batalhando. Mas logo em seguida percebi que, se nada daquilo desse certo, eu ainda assim poderia ser feliz.

Então depois de alguns minutos cheguei à conclusão de que eu precisava de um lugar para dormir à noite para ser feliz. Uma cama onde pudesse fechar os olhos e descansar em paz. Me perguntei se eu não poderia mesmo ser feliz vagando como um sem-teto pelas ruas e não fui capaz de aceitar a situação. Havia uma mensagem enviada da minha barriga para a minha mente dizendo: "Melhor não. Precisamos de um lugar para dormir".

Então iniciei a minha lista com uma cama para dormir em segurança. Em seguida, cheguei à conclusão de que precisava de um prato de comida. Uma alimentação que me nutrisse. E assim segui adiante com minha lista até finalizar, passando por saúde, paz, cuidado com os filhos, a presença do amor e da amizade.

O processo de fazer esse trabalho é muito valioso, pois vamos aos poucos refinando nossas prioridades até chegarmos a nossas necessidades mais básicas. Se sua cama precisa ser em um palácio ou pode ser em um casebre isso vai depender de cada um, é um julgamento que só cabe a você.

Ao chegar no curso no dia seguinte e compartilharmos nossas experiências, percebi que havia um grupo grande de pessoas que chegaram à conclusão de que já possuem aquilo que consideram necessário para ser feliz, mas só agora haviam se dado conta. Um click interno que apontou: "Olha, você já tem tudo de que precisa para ser feliz! O que você está esperando?".

Mais tarde, assisti a uma palestra de Akash Barwal, na qual ele defendia a ideia de que somos mestres em esperar. Estamos constantemente em busca de algo que nos traga a felicidade, mas esse dia nunca chega, pois sempre esperamos por mais uma conquista para finalmente nos sentirmos completos. Havia uma proposta de felicidade como uma decisão, a capacidade de sentir-se feliz com o que se tem, e não com uma lista de desejos que tem a tendência de aumentar um pouco quando estamos prestes a concluí-la.

Mais tarde ainda acompanhei Akash em um lindo teatro no bairro de Perdizes, ainda na capital paulista, e em duas sedes da Art of Living, para tocar violão. Ao final de suas palestras, ele convidava o público para cantar alguns *bhajans* indianos tocados por mim no violão, além de uma meditação com intervenções musicais.

Esse aprendizado faz parte da disciplina do yoga como conhecimento, mas repare que não temos aqui os *asanas*, as posturas ou posições físicas muito conhecidas. Aliás, são tão conhecidas que a maioria das pessoas pensa, equivocadamente, que as posturas são o yoga.

Os *asanas* são uma parte da prática do yoga, ajudam a desenvolver força, flexibilidade, equilíbrio e concentração, e cada um tem objetivos específicos e benefícios para o corpo e a mente. Por exemplo, algumas posturas são projetadas para melhorar a digestão, outras para fortalecer os músculos ou aumentar a flexibilidade, e há aquelas que são focadas na promoção do relaxamento e do equilíbrio mental. Além de benefícios físicos, os *asanas* são também uma forma de preparar o corpo para práticas de meditação mais profundas, ajudando a acalmar a mente e a reduzir o estresse.

No Brasil e em todo Ocidente, as pessoas pensam nessas posturas quando ouvem a palavra yoga, mas o yoga possui oito pilares, sendo os *asanas* apenas um deles. Pela ordem, comecei fazendo um curso de *pranayamas*, técnicas de controle da respiração praticadas no yoga. O termo vem do sânscrito e refere-se ao controle consciente e deliberado da respiração.

Em seguida, fiz o curso sobre os yogas *sutras* de Patanjali.

Sutras são pequenos códigos que comprimem um conhecimento, como se fosse um arquivo zipado que você baixa no computador e, quando abre, ele se expande, revelando o conteúdo. Imagine que você acaba de ler este livro e em seguida cria um *sutra* para cada capítulo. Poderia ser apenas uma frase que, quando lida por você, o fizesse relembrar o aprendizado para que, ao recordar, você pudesse ensinar alguém.

O *sutra* é um código de memorização para alguém que já tem todo o conhecimento referente ao assunto indicado. Ou seja, se uma pessoa que não leu o livro lesse apenas o *sutra* que você escreveu sobre o capítulo, não faria sentido nenhum.

Que os indianos me permitam uma brincadeira, mas vou fazer um exemplo para que você entenda corretamente. Imagine que exista entre os cozinheiros o seguinte sutra: "Trigo e água, pinho, alho, pecorino, azeite; Manjericão da Ligúria, união sagrada".

Não será de grande valor para quem não sabe cozinhar, mas um chef de cozinha baterá o olho nessas palavras e saberá que é uma receita de massa ao pesto, um prato típico de Gênova, famoso em todo mundo. Então, poderá fazer uma aula sobre como preparar o prato, mas isso acontece porque ele já é um chef. Para um estudante iniciante, o sutra parecerá inútil ou incompreensível.

O processo de aprendizado da visão oriental é completamente diferente da ocidental. No Ocidente gostamos de estabelecer uma linha cronológica entre autores e compreender em que ponto da história tal autor escreveu sua obra, para que possamos analisar a pessoa e o momento histórico em que ela estava inserida. No Oriente, costuma-se manter em primeiro plano o sentido do aprendizado.

A tradição que chamamos de oral, ou seja, a passagem do conhecimento boca a boca, é chamada por eles de tradição auditiva, ou seja, passa de ouvido a ouvido. E isso é muito interessante, pois os ocidentais sublinham a importância daquele que fala enquanto os orientais dão ênfase àquele que escuta.

Quando falamos em conhecimento oriental, somos imediatamente arremessados para o campo da espiritualidade, do misticismo e da religiosidade, mas há ainda mais no oriente.

Certa vez ouvi uma história sobre alguém que estava à procura de uma chave em uma sala. A cena era observada por alguns indivíduos, que acompanhavam a movimentação daquele que varria com os olhos todos os cantos do ambiente.

Depois de um tempo, a ação foi interrompida por um daqueles que o assistia:

— Você está procurando alguma coisa?

— Sim, perdi uma chave.

Assim, todos que estavam no recinto passaram a procurar a chave, revirando a sala de cabeça para baixo, apalpando e verificando todas as possibilidades, até que um deles perguntou.

— Você tem certeza de que perdeu essa chave aqui?

E a resposta foi surpreendente:

— Não! Na verdade, eu perdi a chave ali naquela outra sala. Mas é uma sala muito escura, não dá para enxergar nada, e muito menos procurar uma pequena chave, então resolvi procurar por aqui, que está bem mais claro.

Imagine a surpresa de todos. O que tiramos dessa história?

Muitas vezes fazemos isso! Preferimos procurar nos mesmos lugares de sempre do que encarar espaços mais escuros. Porém, para fazer alguns ajustes no leme da vida precisamos de novas informações. De onde essas informações virão?

DENTRO DO CÍRCULO

Imagine que você, querido leitor, tem a possibilidade de traçar um círculo com um raio de três mil quilômetros em um local do planeta.

Você consegue ter uma mínima noção do que representam três mil quilômetros? É a distância em linha reta entre Boa Vista, na Roraima, até Porto Alegre, no Rio Grande do Sul. Ou seja, uma distância que cabe dentro do Brasil.

Se você fizer um círculo tendo como eixo a cidade de Nova Delhi, a capital da Índia, com um raio de três mil quilômetros, fará um círculo que abrangerá uma parte geográfica relativamente pequena do planeta, mas a população que vive dentro do círculo será maior do que a que vive fora!

Isso porque Nova Delhi está localizada em uma das áreas mais densamente povoadas do mundo, e o seu círculo abrangeria a área que inclui a maior concentração de pessoas – com países como Índia, Paquistão, Bangladesh, parte da China e partes do Sudeste Asiático, como a Tailândia e Myanmar. Além disso, partes do Oriente Médio e da Ásia Central.

A densidade populacional dessas regiões é alta, excedendo a metade da população mundial. Isso se baseia também no fato de que a Índia e a China juntas já representam mais de um terço da população mundial. Quando adicionamos outros países densamente povoados, como Bangladesh e Paquistão, é bastante plausível que mais da metade da população mundial esteja contida dentro desse círculo.

No meu caso, a atração pelos ensinamentos daqueles que moram dentro desse círculo começou a me proporcionar outra maneira de *ver* o mundo.

Um curso precioso que fiz no Art of Living se chamava DSN, Divya Samaj Ka Nirman, que em sânscrito pode ser traduzido como "Construção de uma Sociedade Divina". Esse curso é projetado para ser um programa avançado, mas não se impressione com a palavra divina, pois esse adjetivo, na visão oriental, pode ter muitas traduções. Ela pode carregar um sentido concreto e lógico, e não místico ou religioso.

O curso DSN é focado no desenvolvimento de liderança e habilidades sociais. Ele é projetado para ajudar os participantes a superarem barreiras pessoais, inseguranças e medos e a desenvolverem uma atitude forte e positiva diante dos desafios da vida. Uma ênfase especial é colocada no fortalecimento do caráter, na melhoria das habilidades de comunicação e no cultivo de uma atitude de serviço. O método geralmente inclui exercícios intensos de respiração, atividades em grupo e sessões que desafiam os participantes a saírem de sua zona de conforto. Muitos que participam do curso DSN relatam um aumento de autoconfiança, clareza mental e habilidade de lidar efetivamente com situações estressantes.

O DSN é geralmente recomendado para aqueles que já completaram outros cursos da Art of Living e estão procurando aprofundar sua prática e se engajar com os princípios da organização. Quando participei, foi ministrado por um instrutor indiano que, ao começar, recomendou que considerássemos adiar nossa participação. Ele argumentou que, assim como nós, ele também teria que se esforçar bastante, e sugeriu que transformássemos nossas sessões planejadas de três dias inteiros consecutivos em experiências mais prazerosas. Em vez do curso programado, ele propôs que dedicássemos esse tempo à prática de meditação, escuta de fábulas e ensinamentos.

O grupo tinha aproximadamente 25 pessoas que optaram por não aceitar a mudança proposta, preferindo seguir o plano original. Assim, perto das 23 horas, ao término da primeira sessão, o instrutor propôs uma atividade noturna. No entanto, eu já estava exausto e preocupado em cumprir o compromisso de chegar no dia seguinte às 6 horas da manhã.

A tarefa era simples: conversar com dez pessoas desconhecidas antes de irmos dormir. Diante da dúvida sobre o que dizer, a resposta foi clara: "Diga qualquer coisa! Apenas converse com dez desconhecidos antes de dormir".

Quando saí da sede e montei na minha moto, a ideia de simplesmente ir dormir e me preparar para o dia seguinte do curso pareceu mais sensata. Refleti que ninguém saberia se eu realmente havia cumprido a tarefa. Se me perguntassem, eu poderia afirmar que sim, que havia conversado, e assim resolver a questão. Era hora de dormir. Porém, logo me imaginei diante da classe sendo questionado sobre minhas conversas, inventando histórias e mentiras. Percebi que não funcionaria.

Em poucos segundos, comecei a refletir sobre a essência de fazer o curso *versus* apenas fingir que estava participando. Mesmo que ninguém me perguntasse, eu estaria enganando a mim mesmo. Eu me inscrevi, fui até lá, recusei a mudança de programa e agora ia descumprir o acordado? Sem chance.

Montei na moto e logo avistei um trio de pessoas saindo de uma casa. Parei próximo à calçada, o que inicialmente causou certo susto neles, perceptível pelo medo em seus olhares diante da minha aproximação. Rapidamente, tentei amenizar a situação com um tom amistoso, perguntando como chegar ao bairro de Moema. Percebi um alívio geral quando fiz a pergunta.

Embora não tenha prestado muita atenção na resposta, pois estava focado em me dirigir a todos, um deles me perguntou se eu estava contente com minha moto. Ele falou sobre seu interesse em comprar uma igual e começou a me perguntar sobre consumo de combustível, manutenção e outros detalhes.

Respondi com a mesma cortesia com que fui tratado e, após a conversa, me despedi e segui meu caminho. Ao me afastar, contei aquelas três pessoas, pois todas haviam falado comigo. Continuei minha jornada, atento à possibilidade de conversar com mais alguém, até chegar ao semáforo na Avenida Sumaré, onde parei na área reservada aos motociclistas.

Logo um motoboy de expressão fechada parou ao meu lado. Ele era a personificação da sisudez, concentrado à frente, evitando contato visual. Decidi quebrar o gelo.

— E aí? Muitas entregas hoje? — gritei.

Para minha surpresa, seu rosto severo se iluminou com um sorriso muito amigável.

— Acabei de começar, trabalho até de madrugada — ele respondeu.

Um outro motoboy se juntou a nós, e rapidamente a atmosfera tensa deu lugar a um bate-papo descontraído entre amigos. Em menos de um minuto, transformamos o silêncio e a seriedade típicos do tráfego nas noites paulistanas em uma conversa amistosa. Com eles, já eram cinco pessoas com quem eu havia falado, e percebi que completar a tarefa seria mais fácil do que imaginei.

Fiz uma parada rápida em uma padaria para comprar algo para o café da manhã e lá conversei com mais quatro pessoas. Depois, passando por um restaurante espanhol lotado perto de casa, perguntei a alguém que saía para fumar se o restaurante era bom. Essa pessoa insistiu que eu parasse para tomar um vinho, falou sobre o menu e me olhou com uma ponta de tristeza quando percebeu que eu seguiria meu caminho.

Consegui falar com dez pessoas e pronto, era hora de dormir.

Essa tarefa, como um *sutra*, veio como um pacote fechado que, uma vez aberto, revelou seu conhecimento. Era o primeiro exercício do curso. Refleti sobre viver assim, falando com as pessoas em vez de me fechar em meu próprio mundo ou lançar olhares frios. No desenvolvimento pessoal, o *debriefing* é o momento de refletir sobre o aprendizado de uma atividade. A lição é clara: as pessoas são mais acessíveis do que parecem antes de nos aproximarmos delas – uma verdade válida em todos os lugares, todos os dias.

Na manhã seguinte, o curso começou sem preliminares.

— Quem não fez a atividade de ontem?

Cerca de dez pessoas admitiram não ter feito, cada uma com sua justificativa. Ele ouviu atentamente e depois perguntou quem havia completado a tarefa em menos de dez minutos. Uma participante contou que, ao sair da sede, pegou folhetos da organização e os distribuiu na pizzaria ao lado, falando com mais de dez desconhecidos em menos de cinco minutos.

— Quem mais achou fácil? — indagou o instrutor.

Eu permaneci em silêncio, refletindo sobre a situação daqueles que haviam admitido não realizar a tarefa. Era um pouco embaraçosa, especialmente porque a primeira proposta do dia anterior havia sido deixar o curso de lado e trocá-lo por um encontro mais leve, focado em se divertir, contar histórias, meditar e cantar juntos. Essa sugestão havia sido rejeitada pelos mesmos participantes que, teoricamente, queriam desafiar suas zonas de conforto e superar obstáculos.

— Se não cumpriram nem o primeiro exercício, imagine os próximos. Não vou continuar com o curso, parece que a turma não tem interesse ou não está levando a sério — disse o indiano vestido de bata branca. Ele se levantou e saiu da sala.

Imediatamente corri atrás dele e, num piscar de olhos, estava ao seu lado.

— Por favor, o que está acontecendo? Vamos reconsiderar. Certamente há algo que possamos fazer para nos desculpar. Peço de coração que retorne à sala, estamos aqui para aprender...

— Você fez o exercício? — ele questionou abruptamente.

— Sim, claro, mas não é esse o ponto... — Fui interrompido no meio da frase

— Você fala em nome de quem? Dos que cumpriram? De si mesmo? Ou do grupo todo?

Foi então que percebi que aquilo já era parte do curso. Senti um alívio. Os indianos são mestres em usar a dramaturgia como ferramenta de ensino, e aquela situação provavelmente se repetia em turmas ao redor do mundo.

— Vamos eleger um porta-voz que virá conversar com você em um minuto. Por favor, não vá embora.

O olhar do indiano brilhava com um humor sério.

O curso prosseguiu normalmente, repleto de aprendizados profundos, como se cada lição fosse um arquivo cuidadosamente compactado.

Ao compartilhar essa experiência, meu objetivo não é convencer você a se juntar à Art of Living. O que realmente importa, especialmente em um livro sobre protagonismo, é a disposição para se abrir a novos horizontes e expandir suas fontes de conhecimento, procurar nos espaços escuros e desconhecidos.

Dentre as lições aprendidas, destaco especialmente uma trilogia poderosa: meditação, autoconhecimento e trabalho voluntário. A meditação, em particular, tem se mostrado um refúgio. Vivemos em um mundo onde o estresse é constante, e as pessoas se sentem exaustas pelo excesso de pensamentos e pela sobrecarga diária.

A meditação surge como um exercício de descanso. Todos sabem como dormir, embora nem todos durmam bem, mas poucos realmente aprenderam a descansar. A meditação é um caminho para esse descanso, um meio de recarregar as energias, oferecendo um respiro necessário em meio à agitação cotidiana.

"Ahhh... Mas eu não sei meditar... Não consigo!" Essa preocupação é comum, mas lembre-se: é natural não saber fazer algo de imediato. Assim como a maioria das pessoas não nasce sabendo surfar, tocar piano ou falar várias línguas, a meditação também é uma habilidade que pode ser adquirida. Existem cursos e métodos para aprender todas essas atividades, e a meditação não é exceção. Não é necessário ir ao Tibete ou se tornar um guru para meditar; é apenas mais um aprendizado, um que você pode adicionar aos conhecimentos e às habilidades que possui.

O segundo elemento essencial desse tripé é o autoconhecimento. Embora possa parecer um termo batido, poucos se propõe a refletir sobre sua disposição em se desenvolver nessa área.

Pergunte-se: existe um espaço na minha agenda dedicado a compreender minhas emoções e pensamentos? Desenvolver autoconhecimento não é apenas reconhecer suas características e comportamentos, mas também entender as motivações profundas, os sentimentos e os padrões de pensamento que guiam suas ações. Esse processo será muito mais fácil do que parece, além de um grande facilitador para o crescimento pessoal e bem-estar emocional.

A razão pela qual não devemos deixar o autoconhecimento à margem reside no fato de que, se negligenciado, algumas áreas da vida podem permanecer estagnadas. É possível que você se veja preso em padrões de comportamento ou pensamentos que não lhe servem mais. É importante reconhecer que somos seres complexos e, embora tenhamos sido ensinados que somos animais racionais, a realidade é que as emoções e os sentimentos desempenham o papel decisivo em nossas escolhas e opiniões. Ignorar ou reprimir esses aspectos pode levar a caminhos que não estão alinhados com o seu verdadeiro eu.

Por fim, o terceiro elemento é o serviço ou trabalho voluntário. Ao reservar tempo e energia na sua agenda para ajudar aqueles que precisam, você não apenas contribui para o bem-estar dos outros, mas também dá um *impulso* na própria vida. O trabalho voluntário é uma oportunidade de aplicar habilidades e conhecimentos para causar um impacto positivo na comunidade ao seu redor, ao mesmo tempo que nutre um senso de propósito e gratificação pessoal. É uma maneira poderosa de dar significado à sua jornada.

Imagine-se chegando a um local de trabalho voluntário com o espírito de quem faz o exercício de falar com desconhecidos proposto no curso que mencionei. Que tipo de pessoas você acredita que vai encontrar nesse lugar? Pessoas que saem de suas casas para colaborar com os outros e com a sociedade. Você tem ideia do impacto que esse movimento pode causar em sua vida pessoal e profissional?

A IMAGINAÇÃO

Entramos em um caminho sem volta onde a cultura é produzida de modo industrial. Você pode fazer um capeletti ou um nhoque manualmente, ou pode fazer com uma máquina. Assim é também a música. A música atual é feita em sua grande maioria com máquinas. O mesmo acontecerá com ilustrações, textos e vídeos.

Percebo que poucos atualmente valorizam a oportunidade de ler histórias e se conectar com os grandes autores da literatura. Dentro da vasta produção literária que o ser humano foi capaz de produzir, ser um autor de destaque ou ser considerado um clássico não é pouca coisa. Escrever um livro de ficção que envolve personagens complexos e situações inusitadas requer uma aptidão e interesse pela essência do ser. Ao ler ficções, você tem a oportunidade de experimentar as sensações de um personagem como nenhuma outra arte é capaz de oferecer. Isso acontece pois há uma mistura de referência e imaginação.

Certa vez o Lancast, aquele personagem amigo das Cinco Ruas que já apareceu por aqui, me disse que ofereceu uma folha de papel a um grupo de empresários e pediu que cada um deles fizesse um desenho do Homem-Aranha. Uns desenharam bem e outros mal, mas os desenhos eram todos parecidos. Alguns eram iguais. Em seguida ele leu o trecho de uma pequena história e pediu para que eles desenhassem o personagem. Nesse caso, ficaram completamente diferentes, pois eles estavam usando a imaginação.

A leitura de livros de ficção abre um caminho de autodesenvolvimento poderoso. Você será capaz de aprender muito mais sobre a alma humana, seus desejos, seus anseios, suas alegrias e suas frustrações ao ler histórias do que comprando um livro com o título *Entenda a alma humana*.

Não despreze a possibilidade de entender as mensagens trazidas nas páginas dos grandes autores de ficção.

JULGAMENTO

Essas leituras vão formando um gabarito inteligente e sensível, e assim começam a fortalecer a sua capacidade de julgamento.

É muito comum ouvirmos alguém encher o peito e dizer que o certo é "não julgar." Ela diz isso com orgulho, como se estivesse embarcado em uma postura de aceitar tudo e que, neste aceitar, estaria a beleza de sua generosidade.

Essa mesma pessoa encherá o peito para dizer "não existe certo e errado!". Mas ela mesma não disse que o "certo" é não julgar? Mas agora não existe certo e errado?

O pensamento se parece um pouco com a matemática e existem contas que não fecham, esse tipo de afirmação é uma dessas contas. A pessoa que diz isso geralmente quer transmitir que devemos aceitar a liberdade de cada um viver como desejar, estar abertos a conviver com o diferente, abandonar julgamentos rígidos sobre as decisões alheias, e buscar uma vida mais leve e plena.

Isso é, sem dúvida, algo que faz bem ao indivíduo e à sociedade, mas o caminho sugerido não leva ao resultado desejado.

Quando você for atravessar uma rua, sugiro fortemente que olhe para os dois lados, para certificar-se de que não esteja vindo nenhum automóvel em sua direção. Atravessar a rua sem olhar é um erro. E se em algum momento estiver em dúvida se uma água é potável ou não, sugiro que se certifique antes de beber. Assim podemos listar uma série de decisões importantes para tomar em nossa vida.

Se em algum dia você for responsável por uma criança, cuide dela com amor e compromisso. Fazer o contrário disso é errado.

No contexto de habilidades ou desempenho, ser "errado" pode significar a falta de precisão, habilidade ou conformidade com as regras ou procedimentos estabelecidos. Por exemplo, se alguém comete um equívoco em um cálculo matemático, isso é descrito como "errado".

É importante destacar que a definição de "errado" pode variar significativamente dependendo do contexto cultural, social e individual. O que é considerado "errado" em uma cultura ou sistema de crenças pode não ser percebido da mesma maneira em outro. Além disso, as noções podem evoluir ao longo do tempo dentro de uma mesma sociedade.

Em situações complexas você utilizará o seu julgamento pessoal, e isso faz parte da natureza humana. Entenda que se você não for capaz de julgar, será incapaz de apaixonar-se por alguém. Paixão, admiração, respeito, estima, encantamento ou reconhecimento são todos frutos da sua capacidade de julgar.

Portanto, da próxima vez que alguém lhe aconselhar a não julgar, pergunte sobre como ela fez as escolhas e decisões para alcançar a posição atual. Questione se ela estaria aberta a aceitar uma perspectiva de mundo completamente diferente. Você pode se deparar com uma resposta inesperadamente contraditória.

Ao iniciarmos o processo de discernir o essencial do supérfluo e mergulharmos na compreensão do que realmente importa para nós, passamos a identificar os componentes do que denominamos gabarito. Esse gabarito, moldado por nossas referências, representa uma estrutura para avaliar os acontecimentos.

A analogia do gabarito como forma de descrever nossa análise vem do professor Clóvis de Barros Filho. Além de ter sido meu contemporâneo de escola, Clóvis é um pilar para mim no que tange ao acesso ao conhecimento dos grandes pensadores da filosofia ocidental. As lições desse professor foram fundamentais para minha compreensão sobre o pragmatismo de Maquiavel, os pensamentos de Kant, Nietzsche e, particularmente, Aristóteles e Sócrates.

Hans Rosling e a Fundação Gapminder são meus faróis quando se trata de dados, fatos e interpretações numéricas acerca do nosso planeta. Da mesma forma, Leonard Mlodinow, um físico teórico e autor de diversos livros renomados sobre ciência, com sua obra *O andar do bêbado* (Zahar, 2018), que explora o papel do acaso e da aleatoriedade em vários aspectos da vida, emergiu como uma referência significativa para mim.

Enquanto percebo a movimentação de alguns macacos pelas árvores que cercam o deck de madeira de onde escrevo, recebo uma mensagem de Kauê Mariano confirmando um encontro para a entrevista que trará seu personagem ao livro.

Nossas referências são também aqueles com quem convivemos e, que de uma maneira mais próxima, estão em ainda melhor posição para influenciar nosso modo de ser e pensar. Essa percepção se torna bastante palpável quando nos relacionamos com pessoas que nos fazem bem, como diz o grande campeão, Guga Kuerten: "Aprendemos muito mais quando vencemos".

Após minha chegada a Florianópolis, comecei a sentir uma dor na coluna. De repente, porém, a dor começou a crescer, até que passei uma noite em claro e, quando me dei conta, estava no pronto-socorro do hospital Baía Sul, na região central de Floripa.

O médico de plantão me passou algumas receitas para comprar remédios, mas a noite seguinte foi igualmente desastrosa. A novidade dessa crise, em comparação a outras que eu já havia tido no passado, é que a pior posição era deitado. Então, durante o dia eu me virava, mas na hora de dormir era impossível.

Tive recorrentes recomendações de consultar um osteopata e acabei conseguindo um encaixe, dada a minha situação de urgência.

O consultório era uma casinha moderna e de bom gosto no canto da lagoa. As pessoas que me indicaram fizeram comentários como se eu fosse encontrar uma pessoa com poderes sobrenaturais. Então eu estava dolorido e com um pé atrás, mas precisando urgentemente de ajuda.

Kauê me recebeu como se me conhecesse desde a infância, embora fosse mais jovem do que eu e bem mais jovem do que eu esperava que ele fosse. Fez perguntas sobre meu dia a dia, sobre a dor que eu estava sentindo e promoveu alguns estalos na parte dolorida. Eu já tinha visto muitas pessoas estalarem dedos, mas não a coluna. Fizemos uma seção rápida de acupuntura e, quando se aproximava o final do horário, ele me sugeriu um exercício tão simples que, sinceramente, fiquei surpreso.

Ele imediatamente percebeu e me disse:

— Eu sei que pode ser surpreendente, mas é isso que você precisa fazer. Durante à noite, quando a dor vier, você faz uma bolsa de água quente para relaxar, deita e procura dormir novamente.

Se você quiser ir ao médico, vá a um desses dois. Mas se possível, não vá. Você vai simplesmente sarar, é só esperar. Assim que sair da crise, iniciará um processo de fortalecimento com dois profissionais que eu vou te indicar.

Quando cheguei em casa a dor tinha desaparecido. Como?

Na saída resolvi tirar uma foto com ele. Quando fui mostrar, ele respondeu que era deficiente visual e não enxergava nossa fotografia. Eu não havia percebido.

— Mas e a sua foto no WhatsApp? — perguntei. A foto do Kauê era ele surfando uma onda grande, bem grande mesmo.

— Ah, sim, eu surfo — respondeu enquanto abria a porta e observava o próximo paciente entrar, em um sinal claro de que estava na hora de eu me mandar.

Me mandei. Mas voltei curado e pretendo visitá-lo novamente, a fim de fazer algumas perguntas... *Como ele faz isso?*

KLESHAS

Já que começamos este capítulo com a pergunta: "Do que você precisa para ser feliz – e quando isso vai acontecer?", vamos encerrar com a seguinte pergunta: "O que pode te fazer infeliz e como isso pode acontecer?".

Em sânscrito, a palavra *kleshas* significa fontes de infelicidade. São elas a ignorância, a falsa identificação, o desejo excessivo, a aversão e o medo.

A ignorância é considerada o *klesha* fundamental e a raiz de todos os outros. De fato, seria um grande impulso para a felicidade se fôssemos repletos de sabedoria e vivêssemos em um mundo onde não existisse a dúvida ou o engano. A falta de conhecimento ou compreensão da verdadeira natureza da realidade pode ser fonte de muita infelicidade.

Quando fiz o meu primeiro curso de silêncio, estava na Praia de Maresias, no litoral norte paulistano. Na parte inicial do curso, fomos orientados a dar um passeio pela praia em silêncio e individualmente, apenas observando a autonomia de nossos pensamentos. Foi um aprendizado muito simples, mas profundo. Por que eu não tinha aprendido aquilo na adolescência?

Você pode fazer esse exercício a hora que quiser. Apenas saia caminhando por um lugar tranquilo para que não haja interferências e ninguém fale com você e observe como seus pensamentos acontecem de forma involuntária.

Você não pode controlar alguns movimentos do corpo, como a batida do coração ou a digestão, eles simplesmente acontecem independentemente de sua vontade. O piscar dos olhos é um movimento que mistura as duas condições – poderíamos chamar de "semivoluntário". Você consegue controlar e piscar freneticamente se quiser, mas aos poucos essa ação se torna involuntária.

Assim são os nossos pensamentos, às vezes estamos preocupados ou chateados com determinado assunto e ficamos pensando nele o tempo todo, mesmo sem querer, involuntariamente, automaticamente, inadvertidamente. O exercício de observar a mente nos transporta para uma posição de espectador de nossos pensamentos, e não de pensador.

Esse conhecimento sutil abre portas para uma nova percepção de si. É comum, por exemplo, quando estamos muito nervosos e falando coisas sem pensar, não percebermos que há uma diferença entre o seu ser e o seu intelecto gerador de pensamentos involuntários.

Quando dizemos a frase popularmente difundida: "Ele perdeu a cabeça!", estamos nos referindo a este momento quando há uma falsa identificação entre o ser e o intelecto. "Ele estava visivelmente descontrolado." Às vezes, podemos estar invisivelmente descontrolados. Essa falsa identificação é chamada *asmita*, e pode acontecer em terrenos muito sutis e ser uma fonte de infelicidade.

Os desejos ardentes podem ser fontes de infelicidade também. O apego ou o desejo excessivo por experiências prazerosas, objetos ou pessoas, pode levar ao sofrimento quando não são satisfeitos. O nome disso é *raga*, considerada uma fonte de infelicidade não apenas por causa da insatisfação que acompanha os desejos não realizados, mas porque perpetua uma busca externa e condicionada por satisfação, distanciando-nos da verdadeira paz interior e do contentamento, que são independentes das circunstâncias externas. Lembra-se do mestrado em esperar?

A aversão ou o ódio se opõem ao *raga*, pois nascem de um acontecimento ruim, representando aversão a experiências, objetos ou pessoas desagradáveis. A aversão pode nos levar a evitar certas experiências ou situações, limitando nossas possibilidades e mantendo a mente em um estado de turbulência, longe da paz interior. Já o medo do desconhecido é fonte de ansiedade e preocupação, é a raiz do estresse que se tornou onipresente nos dias de hoje.

Essas cinco fontes de infelicidade ou aflições mentais não apenas são identificadas em termos de suas naturezas, mas também são descritas em diferentes estágios ou níveis de atividade que determinam a força de cada uma. Elas podem estar apenas adormecidas em você, como se não tivessem nenhuma vida, ou podem seguir para um segundo estágio, no qual atuam de maneira frágil, como se não estivessem lá. Um terceiro estágio é quando uma delas emerge e as outras ficam em segundo plano. Já *udara* é o nome do estágio em que todas as fontes estão ativas, um cenário de infelicidade e frustração.

*"Quando alguém está com muita raiva, esquece-se que sua mente
existe. Essa diferença não está lá. Você está totalmente envolvido
na situação. Quando você está consciente, você sabe o que está
dizendo, você vê a diferença entre você e seu intelecto.
Tanto é que às vezes você diz: o que foi que eu falei?
O que foi que eu fiz? Estou louco! Mas uma pessoa que realmente
está louca não vai fazer esse questionamento. Será incapaz
de fazer essa distinção. Mas uma pessoa consciente percebe
que está ficando com raiva e pensa: 'Por que eu estou ficando
com raiva?' Ela não se torna a raiva. Você pode ficar com raiva,
mas existe uma grande diferença na qualidade dessa raiva.
A consciência suaviza. A cortina tornou-se transparente.*

*O medo por exemplo pode ser mantido em pouca quantidade
como o sal na nossa culinária, para nossa defesa do corpo.
Isso seria mais um estado de alerta. Veja as formas: cuidado,
alerta, medo, paranoia – existe aí uma ladeira de estados.
O cuidado com o corpo é essencial e o estado mais suave,
mais delicado. Mas se vamos acrescentando sal na comida.
Ela fica incomível.
Quando você consegue reduzir essas cinco fontes da
infelicidade, elas deixam você voltar ao seu ser.
Qual o caminho para que você se livre desses kleshas?
A meditação.
E então alguém pergunta como faz para conseguir sem meditar.
Estou com fome e sede, como faço para me saciar sem
comer nem beber?
Pense nas meditações diárias como se fossem sementes.
Você planta o que colhe, e cada semente ou árvore tem
seu tempo para dar frutos. Não valeria experimentar
algo que promove tantos benefícios?"*

SRI SRI RAVI SHANKAR

DESTAQUES PARA O PROTAGONISTA

1. Exercício: Pegue uma folha de papel e responda à pergunta da forma que julgar conveniente, pode ser uma lista ou uma redação extensa, apenas responda objetivamente do jeito que você preferir. Do que eu preciso para ser feliz – e quando isso vai acontecer?

2. Em situações complexas, você utilizará o seu julgamento pessoal, e isso faz parte da natureza humana. Entenda que se você não for capaz de julgar, será incapaz de apaixonar-se por alguém. Paixão, admiração, respeito, estima, encantamento ou reconhecimento são todos frutos da sua capacidade de julgar.

3. A leitura de livros de ficção abre um caminho poderoso para o autodesenvolvimento. Você aprenderá muito mais sobre a alma humana, seus desejos, anseios, alegrias e frustrações lendo histórias.

A diferença entre o protagonismo nas ficções e o protagonismo na vida real está sobretudo no fato de que o protagonista ficcional ocupa um espaço que não pode ser ocupado por outros. Na realidade, o protagonista espalha o protagonismo por onde passa.

7
ENERGIAS E INTENÇÕES

O CANTO DA LAGOA

Ao descer da moto e me dirigir ao consultório do Kauê, notei que ele estava ocupado com um atendimento. Decidi então aproveitar o momento para relaxar um pouco, caminhando entre as árvores e observando os arredores. Nas proximidades, estava a pizzaria Basílico, famosa entre os moradores locais. Já dava para sentir o aroma característico do forno a lenha sendo aceso, perfumando o ar. A pizzaria se localiza bem ali, no mesmo amplo espaço, à beira da lagoa, mais precisamente na área conhecida como Canto da Lagoa.

Deste lugar que chegamos, após um belíssimo passeio de moto, vamos partir, eu e você, querido leitor, para uma viagem de um capítulo linear. Porém, ele tem também uma dimensão em camadas: Moto – Consultório – Lagoa – Pão com manteiga do Jamil – Aleatoriedade – Pipoca – China – Anatomia – Intuição – Conhecimento – Amizade.

De certo isso não deve ter ficado bem claro no momento, mas com certeza você compreenderá enquanto a viagem acontece. Está pronto?

A importância da Lagoa da Conceição na ilha de Florianópolis é grande para aprender como ir de um lugar ao outro. A nomenclatura, por sua vez, não ajuda o iniciante que fatalmente se confundirá com alguns nomes. Em Florianópolis, a presença de "Lagoa" no nome de tantos lugares não é coincidência; é um reflexo da paisagem aquática que define tanto da cidade.

A Lagoa da Conceição, por exemplo, é um cartão-postal, famosa por sua natureza exuberante, opções de lazer e uma vida noturna animada que atrai gente de todo canto. Um pouco mais adiante, a Barra da Lagoa evoluiu de uma tranquila vila de pescadores para uma área turística popular, agora bem mais povoada devido ao seu charme natural e infraestrutura crescente.

O Centro da Lagoa é o coração pulsante da área, repleto de bares, restaurantes e lojas que convidam a experiências variadas. Mais ao sul, a Lagoa do Peri é um recanto de água doce, cercado por uma natureza preservada que convida ao relaxamento e à contemplação.

Aventureiros vão adorar a Lagoinha do Leste, uma praia selvagem acessível somente por trilhas, com uma lagoa próxima que adiciona um toque de mistério. A Costa da Lagoa, acessível apenas por trilha a pé ou barco – na minha opinião um passeio obrigatório para os que nunca foram – é famosa por seus restaurantes à beira d'água, onde o sabor dos frutos do mar se une à beleza da vista.

Por fim, Porto da Lagoa é uma comunidade charmosa conhecida por sua tranquilidade e beleza natural. A área é caracterizada por suas casas residenciais, vegetação abundante e canais de água que se conectam à Lagoa da Conceição.

Para quem busca tranquilidade, o Canto da Lagoa é ideal, com suas casas aconchegantes e vistas espetaculares de tirar o fôlego. Exatamente onde eu estava nesse momento no consultório.

No terreno havia também uma pequena, mas equipada e muito bem iluminada, sala para aulas de pilates, além de algumas outras salas de profissionais de atividades indecifráveis. Ali mesmo, ao lado do grande espelho de água.

Apesar de uma lagoa ser desprovida daquele carácter infinito dos mares e oceanos, possui a característica mutante de nunca ser a mesma. De forma que, ao bater o olho a cada dia, é também uma possibilidade de descoberta. Desvendar a cor, o brilho e a agitação das águas naquele momento específico.

A característica mutante da natureza é o que faz dela uma beleza incansável. Quando penso no impacto que a beleza natural tem em nossos olhos, me lembro imediatamente do Rio de Janeiro. Não interessa quantas vezes você já olhou ou pretende olhar para a Praia do Leblon, por exemplo, que é a mesma faixa de areia da Praia de Ipanema e do Arpoador; a visão será sempre capaz de surpreendê-lo. Sequencialmente e infinitas vezes. No Rio de Janeiro você também tem esta mistura interessante, característica de Florianópolis: a situação de proximidade e contemplação simultânea do mar e da Lagoa Rodrigo de Freitas.

JAMIL

Após estender minhas pernas, acomodei-me na cadeira de madeira acolchoada, perfeitamente posicionada para pacientes que como eu, que chegaram antecipadamente. Ali, uma pequena mesa abrigava uma coleção de livros fascinantes: pensamentos de Confúcio, álbuns de mandalas e diversos títulos de arte e filosofia. Cada um deles era cativante, mas optei por fechar os olhos e descansar, já que minha única tarefa era aguardar.

Durante o período de um ano, tive o privilégio de trabalhar com uma pessoa notável, o sr. Jamil. Ele gerenciava minha agenda, insistindo que chegássemos com uma hora de antecedência a todos os compromissos. Essa rigidez profissional era admirável, conferindo um ritmo agradável às nossas atividades e eliminando a ansiedade de chegar atrasado a reuniões.

Costumávamos aguardar em uma padaria próxima ao local do encontro, apresentando-nos na recepção com quinze minutos de antecedência. Frequentemente, me pegava refletindo sobre como a disciplina imposta pelo Jamil se fortalecia com seu evidente deleite ao saborear um pão francês com manteiga derretida e uma xícara de café com leite – itens proibidos em sua dieta, conforme ele orgulhosamente afirmava.

Outro benefício é a exposição ao poder do Acaso, com A maiúsculo. Quando descrevi algumas de minhas principais referências, falei de Leonard Mlodinow, autor de *O andar do bêbado*. Esse livro de título tão curioso inicia fazendo uma pergunta: "É possível prever a localização exata onde um indivíduo embriagado colocará o pé em sua próxima passada enquanto caminha de forma desequilibrada?".

A obra é uma exploração fascinante e acessível da influência do acaso e da aleatoriedade em nossas vidas. Mlodinow, um físico renomado, utiliza exemplos do cotidiano e casos envolventes para ilustrar como nossa compreensão e experiências do acaso e da probabilidade muitas vezes desafiam a lógica intuitiva. O autor aborda temas como a teoria das probabilidades, estatística e até mesmo aspectos históricos de como essas ideias se desenvolveram ao longo do tempo. Ele discute como a aleatoriedade e o acaso afetam tudo, desde o nosso dia a dia até eventos de grande escala. É uma leitura recomendada para quem tem interesse em entender como a aleatoriedade define sucessos e fracassos, além de ser um recurso valioso para aqueles que desejam uma visão mais clara sobre como interpretar eventos e informações em um mundo cheio de dados e estatísticas.

Chegando antes nos lugares, nos abrindo para os acontecimentos aleatórios que afetam com força o nosso destino.

Jamil gostava de me cobrar a criação de um final "mais elaborado", dizia ele, para minhas palestras. Sempre gostei de terminar com uma projeção de fotos de crianças, quando costumo refletir sobre a força inexorável do tempo, que segue adiante, alheio a qualquer força real ou imaginária. Entre as fotos, há uma minha aos 5 anos de idade, e fica muito fácil e bem-humorado aos participantes entenderem as mudanças que a passagem do tempo ocasiona em todos nós.

Eu colocava a projeção para o Jamil e perguntava:

— Do que você não gosta neste final? O que você sugere?

E ele jogava o problema de volta para mim, apenas cobrando algo novo.

— Alvaro, você precisa de um final mais elaborado. Marcante, sabe?

Um dia encontrei um texto muito bonito do Rubem Alves chamado "A pipoca". Nele, o autor utiliza a metáfora da pipoca para refletir sobre a vida e a transformação humana. Ele compara o milho de pipoca, que não serve para nada enquanto permanece duro e fechado em si mesmo, com o milho que estoura, transformando-se e expandindo-se em uma nova forma.

Rubem Alves fala sobre como a transformação é essencial e como o conforto e a segurança do não mudar podem ser limitantes. Ele destaca que a grandeza está na capacidade de mudar e se transformar, assim como o milho que se torna pipoca. A mensagem principal do texto é valorizar as transformações pessoais, as experiências que nos fazem "estourar" e nos tornar algo novo e diferente.

O texto me chamou a atenção por exprimir aquilo que é, para mim, o propósito do palestrante: fazer com que as pessoas encontrem valor e transformem-se a partir de uma exposição de experiências vividas.

Fiz uma decupagem do texto, como fazia com os filmes antes de compor as trilhas sonoras – dividia em pedaços e fazia uma pequena análise de cada um deles. Em seguida, utilizei uma técnica que aprendi na PNL para memorização de textos maiores, assimilando frases a imagens e decorando uma pequena sequência.

Decorei o texto e compus uma trilha sonora de fundo utilizando um violão com cordas de aço, que possuem um som mais brilhante e campestre. Assim eu poderia executar a trilha ao vivo.

Quando Jamil chegou em casa, declamei o texto enquanto tocava o violão e perguntei o que ele achava. Ele ficou muito feliz, e me deu uma "repreensão leve" ou "advertência suave", dizendo que eu havia demorado muito para finalmente fazer um final mais elaborado. Mas que agora, sim, eu tinha criado um final como ele havia sugerido!

TUDO É ENERGIA

Depois de um tempo, a consulta que antecedia meu papo com Kauê terminou e tive a felicidade de encontrá-lo.

No tempo que passei ali sentado na cadeira, entrei rapidamente em um estado meditativo, sensação que nem sempre consigo atingir. Assim como tocar um instrumento, escrever ou jogar futebol, tem dias em que estamos propensos a resultados positivos. A prática e a dedicação ampliam exponencialmente essa possibilidade, mas ali aconteceu de maneira fácil e profunda.

Quando tomei consciência do ocorrido, me veio a pergunta: *Mas isso acontece porque este lugar possui e me transmite uma energia especial? Ou este lugar é como todos os outros, mas alguma percepção emocional particularmente minha faz com que eu me sinta assim quando estou aqui?*

Em outras palavras, será que a sensação de energia especial em um local é resultado da presença objetiva dessa energia, ou é, na verdade, uma interpretação subjetiva influenciada por nossas emoções?

A alegria de Kauê era evidente ao me avaliar em ótima forma física, resultado das atividades esportivas diárias, marcando assim a superação bem-sucedida de uma intensa crise de dor lombar.

Ao chegar em seu consultório sempre me sinto bem. Sentei-me na cadeira lateral e Kauê se sentou em sua mesa, pedindo que eu me mudasse para a cadeira a sua frente.

Imediatamente, assim que mudei de cadeira, fomos surpreendidos pela chegada de sua mãe Laura, que estava passando para generosamente deixar um pão fresquinho. Foi um prazer conhecer sua mãe que vestia uma camiseta escrito "aloha", uma palavra havaiana com múltiplos significados e usos, como amor, paz, compaixão, adeus ou olá. No entanto, a palavra carrega um significado mais profundo e cultural, encapsulando uma forma de viver e interagir com os outros com respeito e carinho.

Iniciamos o papo falando sobre Laura, que é acupunturista e atende na mesma sala. Ele me explicou que, pelas manhãs, ela costumava fazer uma limpeza/organização no local de atendimento e que aquele era o motivo de alguns se sentirem muito bem ao chegarem e serem acolhidos por um ambiente repleto de energia positiva.

Pois não é que nossa conversa começou a partir da resposta a uma pergunta que eu não havia feito ainda?

Fiquei encantando ao saber que sua mãe estava participando de competições de canoa havaiana com grande sucesso e conquistando vitórias consecutivas no circuito Aloha Spirit. O festival é uma celebração do espírito aventureiro e da paixão pelos esportes aquáticos, atraindo atletas e entusiastas de várias partes do mundo.

— Ela sempre foi, e ainda é, uma referência muito forte para mim. A maior parte do que você vê aqui é fruto do trabalho dela, assim como a forma de equilibrar o ambiente, os livrinhos lá fora, tudo isso.

Imediatamente Kauê começou a esclarecer a primeira de minhas dúvidas, sem que eu fizesse uma única pergunta, e me contou:

— Quando eu chego, parece que foi feito um trabalho energético muito forte. Várias pessoas percebem essa vibração positiva. Tenho lembranças de minha infância relacionadas a isso e à meditação. Isso me marcou muito, pois comecei a meditar aos 5 anos de idade.

O papo rolou solto e tirei muitas dúvidas sobre a essência de seu trabalho e sobre aquilo que sentimos quando vamos até ele.

— Por que as pessoas comentam que tiveram uma experiência "meio inexplicável" quando vêm aqui?

Kauê me explicou que seu trabalho é totalmente voltado para osteopatia, fisiologia, anatomia, acupuntura, e isso se relaciona com todos os aprendizados de muitos anos de prática utilizando também a quiropraxia e o RPG. São anos de atendimento em seu consultório.

O interesse pelo corpo humano veio aos 16 anos através do yoga, aí sim fortemente relacionado aos *asanas*, termo que já apareceu neste livro. Quis saber o nome de cada músculo do corpo e suas funções. Com o pai e a mãe, ambos acupunturistas, aprendia diariamente em casa, ouvindo a conversa entre eles.

Com 22 anos, passou cinco meses na China aprofundando a habilidade na prática da acupuntura. Ao retornar ao Brasil, entrou em um processo de imersão no estudo da osteopatia, que foi quando encontrou as respostas para aquilo que buscava desde o início.

Na parede, havia um quadro com a figura de um corpo humano que ele usava para me dar diversas explicações sobre o seu aprendizado e a relação entre as partes que promove o funcionamento de todo o organismo.

— Durante um tempo eu observei que conseguia tratar as pessoas, mas elas continuavam tortas. Daí em diante comecei a distinguir e separar os quadros. Aqueles que apresentam uma potencialidade mais metabólica, estrutural ou central.

Kauê descobriu sua verdadeira vocação. Seu caminho não era trilhado pelas vias esotéricas ou energéticas, embora alguns possam interpretar assim seu trabalho. Seu foco se concentra nas causas palpáveis, nas reações bioquímicas e em tudo aquilo que pode interferir no organismo, como a alimentação, o descanso e a atividade física. O sistema nervoso, dividido entre o simpático e o parassimpático, tornou-se um de seus principais campos de observação e ação.

Por vezes, uma indagação aparentemente simples sobre o bem-estar no casamento é o suficiente para levar um paciente às lágrimas, e perguntas sobre o trabalho podem desencadear reações similares. Mas são perguntas feitas para abrir um canal de comunicação entre ele e os pacientes, uma conversa amistosa, natural, que introduz o paciente a um ambiente de acolhimento – algo que deveria ser prática comum a todos os profissionais de medicina, mas não é. Infelizmente, existem aqueles que nos fazem sentir emocionalmente desamparados, diante de um atendimento mais frio. Um gigante abismo causado pelo desinteresse do profissional por seu paciente.

Continuamos a conversa com ele me contando que, em suas sessões, não pede aos pacientes que relaxem ou fechem os olhos; ainda assim, muitos adormecem durante o atendimento. Talvez resida nele uma sensibilidade excepcional, semelhante a uma antena capaz de captar mais do que as palavras expressam, transformando questões simples em portais para emoções profundas.

Esse talento, que alguns poderiam chamar de intuição ou conexão, surge de perguntas que fluem naturalmente, mesmo que ele não entenda completamente de onde vêm. Contudo, ele distancia seu trabalho de qualquer aspecto que não seja concreto, como a anatomia e a fisiologia, pilares sólidos sobre os quais construiu sua carreira.

Desde a graduação em Fisioterapia até os estudos em acupuntura e medicina chinesa, ele seguiu um rigoroso caminho acadêmico e prático, que incluiu, além da imersão de cinco meses na China, anos de estudo dedicado à osteopatia em Campinas, mesmo residindo em Florianópolis. Superando obstáculos visuais com o apoio da tecnologia, ele absorveu conhecimentos com todo o seu ser, recusando-se a limitar sua compreensão ao que é imediatamente visível ou facilmente explicável.

— Quando cheguei a China, me vi, aos 22 anos, distante de tudo aquilo que conhecia, de meus amigos, namorada e familiares. Minha única opção era uma imersão completa nos estudos — ele contou de maneira inconformada, mas ao mesmo tempo humorada. — Eu ficava com os estagiários no hospital com cargas exaustivas de atendimento e recebia um tratamento repressor! Eles eram repressores e uns amores, ao mesmo tempo.

Ao perceber minha expressão confusa diante de tal afirmação, ele explicou:

— Eles eram repressores, mas quando a gente ia embora, choravam. Acredita?

Kauê encara todos esses anos de atendimentos e o grande sucesso de seus tratamentos com bom humor e leveza. O mesmo acontece diante de diagnósticos oftalmológicos que indicam apenas 5% de visão. Ele, contudo, acredita ver muito além disso.

— Às vezes ouço as pessoas falarem do meu surfe e comentar sobre a questão da visão, sobre minha conexão com a água.

Mas fico desapontado, pois queria escutar só sobre o meu estilo de surfe, sem o assunto da deficiência visual — falou brincando e mostrando seu lado puramente surfista.

A busca pelo equilíbrio dinâmico e pela regulação corporal é o núcleo de seu trabalho. Ele induz o relaxamento sem qualquer imposição, conduzindo os pacientes a descobrir a raiz de seus problemas muitas vezes sem mencioná-la diretamente.

Um exemplo disso ocorreu quando um paciente, após uma sessão, resolve uma antiga pendência familiar por telefone sem que Kauê nem tivesse conhecimento do assunto. Mas o próprio paciente entendeu aquilo como efeito da consulta. Para ele, anatomia e fisiologia são as ferramentas de trabalho, e a intenção é sua bússola.

Embora alguns falem de energia, ele prefere discutir sobre ativação e relaxamento, sobre o yin e o yang, sobre o equilíbrio. O corpo humano, essa complexa unidade, está em constante luta pela sobrevivência, com cada parte dependendo da outra, e cada função sendo ditada por sua estrutura. Ele acredita que a fisiologia tem muito a ensinar, especialmente sobre a mente humana.

Desvendar os distintos planos da existência, compreendendo o simpático e o parassimpático, é um desafio que ele abraça com paixão. Distante do misticismo, seu trabalho é uma homenagem à anatomia, um convite para explorar as profundezas do conhecimento humano e desvendar os mistérios que ainda se ocultam nas sombras da ciência.

Ao terminarmos nossa conversa, saímos juntos do consultório e ele aceitou pegar uma carona na minha moto, o que nos deu a chance de aproveitar um agradável passeio noturno pela estrada do Canto da Lagoa.

Por obra na natureza, à noite essa estrada se envolve numa atmosfera mais fria e úmida, um efeito natural que, somado às árvores ao redor, traz um ar refrescante de floresta e exala uma variedade de fragrâncias verdes que se alteram à medida que avançamos.

Agradeci pela gentileza e pelo aprendizado e segui meu caminho, que mais uma vez me apresentou a importância da compreensão de que transitamos por camadas – ou planos como prefere o Kauê. Ademais, a conversa me trouxe uma atenção especial ao tempo que temos. De um lado, a duração de uma vida em determinado contexto histórico e civilizatório. E de outro, o tempo do universo e da viagem do ser humano pelos véus do conhecimento.

Por fim, retornamos ao ponto de partida deste capítulo, que começou na cena em que chegamos ao consultório de Kauê. Navegamos por diversas camadas: da moto ao consultório, passando pelas lagoas, pelo pão com manteiga do Jamil, a natureza da aleatoriedade, a metáfora da pipoca, a viagem à China, conceitos de anatomia, intuição, conhecimento e amizade, e, agora, de volta à moto.

O que parecia não fazer sentido no início se revela claro, mostrando como o conhecimento nos capacita para o protagonismo, permitindo-nos guiar o barco da vida com firmeza pelo leme.

HÁBITOS

Vale lembrar: a diferença entre o protagonismo nos filmes ou ficções e o protagonismo na vida real está principalmente no fato de que o protagonista ficcional ocupa um espaço que não pode ser ocupado por outros. O fato de haver um protagonista deixa para os outros apenas os papéis secundários ou figurações. Na vida real, o protagonista espalha o protagonismo por onde passa. Ele exerce seu papel principal e distribui conhecimento, motivação e impulsionamento àqueles com quem convive.

De fato, estamos muitas vezes rodeados de protagonistas. O nosso olhar é determinante em relação a essa percepção. Para tanto, há um exercício comprobatório de tal teoria, ao observar as pessoas que fazem parte de nosso ciclo de convivência. Perceba que não há a necessidade de buscar um guru nas montanhas ou um ator de Hollywood para encontrar aquilo que podemos chamar de "o seu lugar" ou "o seu papel principal."

Na trajetória do autoconhecimento, estive em um curso de silêncio em um dos lugares mais interessantes que conheci: uma montanha com diversos centros de autoconhecimento em Garopaba, uma enseada no sul de Santa Catarina. Lá, um instrutor de filosofia oriental confidenciou que estava conversando com a irmã ao telefone. Enquanto ela se queixava de alguns acontecimentos recentes, ele buscava olhar o lado positivo das coisas.

Em dado momento, ela passou a se incomodar com a resistência dele em admitir o quanto eram catastróficos os acontecimentos.

— Não dá mais para conversar com você assim, você quer ver o lado bom em tudo! — reclamou.

— Faz anos que estou me dedicando a isso! — ele respondeu. E explicou: — Há anos me dedico a alcançar esta maturidade, em olhar com bons olhos e ter a felicidade como uma escolha.

Você pode escolher se especializar no que quiser, mas não será só uma simples escolha. Tornar-se especialista em algo exige anos de prática, estudo e treinamento. Quer ser um especialista em algo? Procure entender a palavra "dedicação".

Reclamar, por exemplo. Se esse for o seu desejo, é possível especializar-se em reclamar. Dedique-se em identificar os defeitos em tudo, em descobrir culpados, apontar o dedo, ressaltar aspectos negativos, comparar desfavoravelmente, interromper com queixas, lamentar oportunidades perdidas, expressar insatisfação com frequência, duvidar das intenções alheias, recusar as soluções oferecidas e generalizar problemas. Dessa forma, até quando estiver vivendo uma situação perfeita, daquelas que parecem exemplificar a vida plena, naquele momento em que ninguém consegue encontrar defeito, você, como um especialista, conseguirá!

O mesmo acontece sobre ser protagonista. Segurar o leme nas mãos é um hábito, e quanto maior a experiência do navegador, maior a consciência de que ajustes podem ser necessários diante do ineditismo da vida.

Segurar o leme é a melhor forma de aproveitar a viagem, e tornar-se um especialista nisso acontece, como sempre, através do tempo. Paulatinamente, todo o aprendizado se torna um pequeno *sutra*. (Se você compreendeu o conceito de *sutra*, percebeu que seu significado se desdobra apenas para aqueles já familiarizados com o conhecimento que ele apenas relembra.)

O essencial aqui é captar a mensagem mais profunda: tanto o conhecimento quanto o protagonismo se assemelham às matrioscas, as bonecas russas nas quais cada uma revela outra menor em seu interior. Vamos abrindo a boneca e, como uma caixinha, encontramos a próxima.

No capítulo seguinte, dentro dessa caixinha haverá uma bicicleta. Mas não serei eu a guiá-la. Será você? Quem sabe?

DESTAQUES PARA O PROTAGONISTA

1. Nossa compreensão e experiências do acaso e da probabilidade muitas vezes desafia a lógica intuitiva. A aleatoriedade e o acaso afetam tudo, desde nosso dia a dia até eventos de grande escala. A aleatoriedade define sucessos e fracassos. É uma concepção valiosa para interpretar informações em um mundo cheio de dados e estatísticas.

2. Daqui a mil anos, muitas das certezas científicas e conhecimentos que hoje consideramos inquestionáveis terão desmoronado. Vivemos uma ilusão, confiantes de que nosso entendimento atual é o ápice da verdade. Estamos hoje na mesma condição daqueles que acreditavam que o sol girava em volta da Terra. Nossa incapacidade de enxergar além de nossas convicções contemporâneas reflete a mesma arrogância dos antigos, que viam seu mundo como definitivo. Assim, estamos fadados a perceber, com o tempo, que nossa era de certezas não passa de uma fração na vastidão do conhecimento humano, sempre em transformação.

3. Possuímos interesses e aptidões únicos, e encontrar nossa área de atuação é o trampolim para uma dedicação excepcional todos os dias. Quando nossas habilidades e paixões se alinham com nosso trabalho, a motivação e o desempenho conduzem à excelência.

*Em qual curva do caminho
descobrimos de onde viemos?*

8
ESCOLHA SEU CAMINHO

O TRAJETO

Um passeio de bicicleta seja, talvez, a mais interessante analogia do que é a nossa trajetória. Por si só, já nos remete a um estado de leveza e liberdade. Todos se lembram de quando aprenderam a andar de bicicleta e saíram pedalando com equilíbrio pela primeira vez.

Essa sensação de equilíbrio é o que buscamos, não é? A habilidade de deixar a vida fluir em harmonia.

A partir do momento que adquirimos confiança, passamos a deslizar além de pedalar, sentindo o vento na cara, a sensação de velocidade e ouvimos o delicioso clique clique clique... que o deslizar de uma bicicleta faz, produzido pela catraca e pela corrente interagindo, enquanto a bicicleta está em movimento.

Quando pergunto, as pessoas se lembram exatamente do dia e da cena em que aprenderam a andar de bicicleta, na maioria das vezes recebo respostas romantizadas que remontam a alguma passagem da infância. Às vezes relacionada à retirada das rodinhas de segurança, aquelas que são colocadas para impedir que a bicicleta caia para um lado ou para o outro, enquanto a criança ainda é pequenina e está aprendendo.

Trago na memória o dia em que, pela primeira vez, andei de bicicleta no Parque do Ibirapuera, em uma pequena bicicleta de cor meio bordô e meio marrom que devia ter uns vinte anos de uso, com pneus gordos chamados de pneu-balão.

Minha primeira volta foi em um gramado – e hoje penso que para amaciar um possível tombo. Voltei para casa radiante, e lembro que meu falecido pai também estava muito feliz com o sucesso da nossa empreitada.

A bicicleta é um instrumento 100% off-line, e talvez por isso seja, assim como a vida, um instrumento de viagem pelo tempo e espaço, pelo qual adquirimos cada vez mais destreza e coragem para fazer manobras. Se você já adquiriu habilidade suficiente para sair por aí, em busca de viver livremente, provavelmente não se preocupa mais com os princípios básicos de pilotagem.

O primeiro passo é garantir que a bicicleta esteja ajustada para você. Isso significa que o selim e o guidão precisam estar na altura certa, permitindo que você pedale confortavelmente, sem forçar demais as costas ou os joelhos. E, claro, escolher uma bicicleta do tamanho correto faz toda a diferença. Não é fácil se equilibrar numa bicicleta grande demais ou pequena demais; você precisa conseguir apoiar os pés no chão quando parar.

Depois de ajustar a bicicleta, o próximo passo é dominar o equilíbrio e o controle. Comece em um lugar plano e tranquilo, longe do trânsito, para pegar o jeito de pedalar e frear com suavidade.

Lembre-se de que a prática leva à perfeição. Use capacete, mantenha os olhos à frente e as mãos firmes no guidão. E, muito importante, pratique as mudanças de marcha em um espaço seguro para entender como elas funcionam antes de encarar subidas ou terrenos mais difíceis. Com esses cuidados, você vai desbravar ruas ou trilhas num instante, sempre com segurança e confiança.

A partir daí, perceba que a atenção vai se deslocar de algo que podemos chamar de *habilidade ciclística* para *escolha de caminhos a percorrer*. A jornada da vida, vista através dessa metáfora, nos oferece um bom apanhado de lições e reflexões. Inicialmente, nos encontramos em um estágio de ajustes, buscando equilíbrio entre quem somos e quem desejamos ser. Ajustar o selim e o guidão de nossa bicicleta é análogo a configurar os fundamentos de nossa existência –valores, crenças e aspirações. Esse período inicial é essencial, pois estabelece a base sobre a qual construiremos nossa jornada.

Como ciclistas novatos, hesitantes em nossos primeiros movimentos, aprendemos a importância da paciência e da perseverança, reconhecendo que o equilíbrio é alcançado não pela imobilidade, mas pela movimentação cuidadosa e intencional. À medida que a confiança cresce, impulsionada pela prática e pelas pequenas conquistas, começamos a explorar o vasto leque de caminhos disponíveis. A vida, assim como as inúmeras trilhas que se desdobram, apresenta uma diversidade de rotas, cada uma prometendo as próprias aventuras e desafios.

Há caminhos que nos atraem por sua beleza e promessa de tranquilidade, repletos de flores e frutos, simbolizando as escolhas que nos oferecem recompensas visíveis e satisfação imediata. Por outro lado, existem rotas mais áridas e íngremes, que, embora inicialmente menos convidativas, podem fortalecer nosso espírito e ampliar nossa visão de mundo.

A beleza dessa escolha reside em sua complexidade: optar por um caminho não é apenas uma questão de destino, mas também de descoberta e crescimento pessoal. A bicicleta não conhece limites além daqueles impostos pela própria natureza. Da mesma forma, poderíamos encarar a vida não como um mapa a ser seguido, mas como um terreno vasto e inexplorado, onde os caminhos se formam a cada pedalada ou passo.

Essa perspectiva exige disposição para abraçar o desconhecido, para ver além dos obstáculos imediatos e reconhecer que, às vezes, os maiores tesouros se encontram fora dos caminhos bem pavimentados.

Adotar tal abordagem requer uma fusão de coragem, curiosidade e, acima de tudo, uma crença intrínseca no potencial de transformação pessoal. Ao nos libertar das rotas pré-definidas, abrimos espaço para a inovação e a criatividade, tanto em nossa vida quanto no mundo ao nosso redor. Isso não significa abandonar completamente a segurança ou a prudência, mas sim equilibrá-las com a audácia de experimentar e, mais importante, de correr riscos e assumir responsabilidades.

Em última análise, a jornada da vida, assim como a arte de pilotar uma bicicleta, é uma dança entre manter o equilíbrio e permitir-se desviar para explorar novos territórios. Cada escolha de caminho, cada desvio ou atalho, contribui para a riqueza de nossa experiência, moldando-nos de maneiras que, muitas vezes, só compreendemos em retrospecto.

Ao nos desafiarmos a escolher não só os caminhos mais floridos e seguros, mas também aqueles que testam nossos limites e expandem nossos horizontes, podemos descobrir as melhores versões de nós mesmos. Nesse emaranhado de trilhas que a vida apresenta, fazer escolhas pode parecer uma tarefa hercúlea, principalmente quando reconhecemos a singularidade de cada jornada. A cada escolha renunciamos a todas as outras possibilidades.

O FAROL

Existem algumas reflexões que podem servir de farol nesse processo de escolha, mesmo sabendo que cada um de nós "pedala" por lugares distintos.

A autenticidade nas escolhas é como pedalar em uma bicicleta bem ajustada a você; o caminho se torna mais fluido e agradável. Além disso, considere o poder da pausa e da reflexão. Assim como um ciclista às vezes desce da bicicleta para admirar a paisagem ou avaliar o melhor caminho a seguir, nós também podemos nos beneficiar de momentos de respiro. Essas pausas permitem que nos distanciemos, ainda que por um momento, das urgências e do ruído do cotidiano, oferecendo uma clareza renovada que pode iluminar as escolhas.

Outro conselho é abraçar a incerteza. Da mesma forma que um ciclista enfrenta curvas e declives sem conhecer completamente o que o espera, abraçar a incerteza em nossas escolhas pode ser libertador. A incerteza é solo fértil para o crescimento e a inovação. Reconhecer que nem toda escolha trará resultados imediatos ou tangíveis pode nos encorajar a tomar decisões mais ousadas e criativas.

Por fim, mas não menos importante, esteja aberto a mudar de curso. Assim como os caminhos de uma trilha podem mudar inesperadamente, nossas escolhas também podem necessitar de ajustes ao longo do tempo. Permitir-se reavaliar e, se necessário, trocar de direção não é um sinal de falha, mas sim de adaptabilidade e sabedoria. Esteja atento aos sinais ao longo do caminho e não tenha medo de explorar novas rotas que possam surgir.

Embora não existam fórmulas mágicas para escolher sempre o caminho certo, a autenticidade, a reflexão, a aceitação da incerteza e a flexibilidade para mudar de curso são faróis que podem nos guiar. Lembre-se de que cada pedalada, cada escolha, é um passo em direção à construção de uma vida que reflete quem somos e o que almejamos ser.

Sobretudo, viaje aproveitando o caminho, ou seja: "Lembre-se de esquecer", como disse Immanuel Kant.

Quando comecei a fazer palestras e escrever artigos sobre protagonismo, o conceito sempre vinha acompanhado de seu irmão: o propósito de vida. Mas com o tempo verifiquei que a maioria das pessoas faz uma conexão direta de propósito de vida com a defesa de causas nobres ou o encontro de um significado maior

Muitos, quando pensam em propósito de vida, pensam em salvar a natureza de um desenvolvimento destruidor. E aí, ao perceber o propósito de vida como algo essencialmente nobre, acabamos desmerecendo o termo protagonismo.

O propósito de vida da maneira que eu costumo enxergar está embaixo do guarda-chuva do protagonismo, que acaba ficando responsável por pedalar duro e fazer as coisas acontecerem, com planejamentos, execução e metas a serem alcançadas. Enquanto o propósito é o lado mais bonito e glamuroso de tudo isso. Só que não!

O que você acha de passar um pedaço de sua vida, digamos uns vinte anos, em algum lugar paradisíaco. O *significado das palavras* pode nos causar uma pegadinha surpreendente nessa frase, porque paradisíaco quer dizer semelhante ao paraíso. Mas aquilo que pode ser o paraíso para um, pode não ser para outro.

Então, quando alguém descreve algo como "paradisíaco", prepare-se para ser transportado para um estado de êxtase quase celestial. E lembre-se: se alguém perguntar sobre seu fim de semana e você responder que "foi paradisíaco", você acaba de elevar as expectativas de todo mundo a um nível quase mítico. A vida é curta. Por que não viver em um paraíso durante um tempo considerável daquele que você passará neste planeta?

Para ficarmos mais próximos, vou escolher um lugar do planeta que preenche os meus quesitos de paradisíacos – e espero que esteja dentro de seus gostos e preferências pessoais. Meu lugar paradisíaco é a ilha de Fernando de Noronha. Um lugar onde, em um mergulho como quem não quer nada, acabei avistando um grupo de golfinhos e, com a ajuda de um pé de pato, cheguei ao fundo nadando entre eles por um tempo que pareceu uma eternidade. Sai da água com os olhos mareados.

Por que sentimos essa emoção profunda e inexplicável? Perguntei isso a meu companheiro de almoços durante todo o processo de escrita deste livro.

Na hora do almoço, frequentemente me encontro com o Lisandro em algum dos restaurantes simples e rápidos da região. Ele está em um momento de muito trabalho com o desenvolvimento e a aplicação de uma plataforma de gestão turística chamada Destinos Inteligentes, da qual é um dos sócios.

Ele fica indo e voltando de Noronha o tempo todo, onde morou ininterruptamente por mais de vinte anos, e mantém uma série de atividades, entre elas, uma prova bem conhecida dos praticantes de maratona, a 21K Noronha, da qual é idealizador e sócio.

A 21K Noronha é o maior evento esportivo da ilha desde 2014. No ano em que este livro foi escrito, contou com a participação de setecentos corredores. Desde sua primeira edição, a prova sempre atingiu o limite máximo de inscrições, estabelecido de acordo com as normas de proteção ambiental da ilha.

Será que você, leitor, seria feliz morando em Fernando de Noronha? Pergunto isso para motivá-lo a fazer uma verificação de desejos mais elevados, que estejam em equilíbrio com aquilo que você é ou deseja ser.

No caso do Lisandro, que é biólogo e oceanógrafo formado pela Unicamp, é claro que isso parece fazer todo sentido.

E você? Onde está e onde gostaria de estar, geograficamente?

Quando perguntei para ele sobre a questão da emoção causada pelos golfinhos, uma vontade de chorar de alegria, ele me contou uma passagem sensacional. Certa vez, Lisandro estava em uma expedição no Parque Nacional Marinho de Abrolhos, no sul da Bahia, a caminho de inspecionar um barco de pesca. Quando estava há apenas cem metros de distância, entre o seu bote inflável e o barco, uma baleia jubarte de quinze metros saltou majestosamente entre os dois barcos. Ele descreveu o momento como estar diante de um gigante do oceano, emergindo bem na sua frente. Meu amigo ficou paralisado, tomado pela magnitude do que acabara de testemunhar.

Em outra ocasião, enquanto mergulhava, ele ouviu aquele som profundo e ressonante, característico de baleias, que parecia atravessar todo o seu corpo. Ao olhar para trás, viu uma baleia acompanhada de seu filhote, uma cena que descreveu como tocante e inesquecível. Essas experiências foram momentos de puro assombro e admiração pela natureza, lembranças que carrega consigo para sempre.

A EMOÇÃO

Segundo Lisandro, ficamos muito emocionados porque o ser humano esqueceu que é um animal. Quando você percebe que os bichos estão ali em seus habitats, entende o verdadeiro significado disso, que talvez pareça insignificante. Mas aí você se lembra de que também é um animal, que faz parte desse todo.

A percepção de nossa conexão e o maravilhamento com o mundo natural pode tocar em aspectos profundos de nossa existência, evocando uma gama de emoções que muitas vezes se manifestam através das lágrimas.

Quando meu amigo me contou desse caso, perguntei:

— Abrolhos? O que você estava fazendo lá? Como foi parar lá?

— Uma expedição — ele respondeu, usando o mesmo termo de sempre para justificar suas aventuras e considerando o esclarecimento completo do assunto.

Não lembro quantas vezes fui surpreendido por um caso em que as coisas não faziam sentido até que eu interrompia a história para perguntar:

—Mas como assim? Onde você estava?

— Na Antártida, ué — responde ele antes de continuar a contar a história.

A história da Antártida, só para você não ficar curioso, foi a de um mergulho em profundidade durante o qual a roupa de mergulho rasgou, ocasionando a entrada de água em baixíssimas temperaturas. Problema: o resfriamento instantâneo do organismo podendo ocasionar a morte.

— Fui fazer uma matéria para uma revista de mergulho e ao cair na água, em apenas quatro minutos comecei a sentir meu corpo congelar. Primeiro a pontinha do pé, depois o tornozelo e a perna, e finalmente chegando nas minhas costas. De repente, percebi que minha roupa havia rasgado. Todos os treinamentos de sobrevivência vieram à minha cabeça. "Um minuto e meio na água gelada e você congela", ecoava em meus pensamentos. Será que deveria largar tudo? Lastro? Câmeras? Flashes? — ele conta. — Se faltasse qualquer coisa quando eu subisse no barco, seria proibido pelo comandante do navio de fazer novos mergulhos. Deixar equipamentos no fundo do mar em uma região como a Antártida é inaceitável.

Ele deu uma pequena pausa antes de continuar.

— Decidi subir com tudo, fazendo a maior força da minha vida, e, ao chegar no bote, fui içado. Só depois de tirar toda a roupa é que vi o rasgo. Livrei-me de todas as peças para colocar uma roupa de emergência. Após quarenta minutos de navegação em meio a uma nevasca, chegamos ao navio e, ao ver meu corpo renascendo, voltando à vida, percebi o quão perto da morte eu estive. Naquela expedição, não pude fazer mais nenhum mergulho. Mesmo sem mergulhar, há muita coisa interessante para se fazer na Antártida. Navegar entre icebergs, testemunhando a fúria do mar no Estreito de Drake, considerado o trecho de navegação mais difícil do mundo, é uma experiência única. Pinguins, focas, lobos-marinhos e baleias proporcionam um espetáculo à parte.

Noronha, por sua vez, é uma ilha pequena onde as pessoas se agasalham quando a temperatura cai para 23 graus. Viajar e observar esses contrastes faz a gente perceber que as diferenças vão muito além – ou, como disse o Lisandro, que "o buraco é muito mais embaixo".

Esse interesse por viagens faz com que tenhamos assunto para sempre. Certa vez estive no Ushuaia, frequentemente referida como a cidade mais austral do mundo, localizada na Grande Terra do Fogo.

A experiência singular de estar em um local tão distante do restante do mundo pode intensificar a impressão de uma cidade que guarda histórias e segredos, como se cada habitante tivesse uma narrativa única, moldada pela convivência com a natureza selvagem e imponente que os rodeia. Por que alguém escolheria passar a vida no Ushuaia?

De alguma forma, essa maneira nômade de viajar entre cidades fez um elo entre nossas visões de mundo. Lisandro é um biólogo sempre muito interessado na vida, em organismos e ecossistemas. Sendo assim, ouvi muitas histórias interessantes que se passaram no oceano ou fora dele.

Achei incrível a expedição ao atol da Rocas, o topo de uma montanha submersa. Uma cratera de um vulcão em que corais e algas formaram uma coroa recifal, um anel de terra, igual ao topo do vulcão. O ICMBio transformou o local em uma Reserva Biológica Marinha. Um lugar muito difícil de chegar, sem água doce e com abastecimento simplificado. Nas palavras do Lisandro:

— A chegada e saída da ilha foi de veleiro, o que é impressionante. A ilha tem três metros de altura e alguns coqueiros. Foram trinta horas de navegação em que você só vê o mar. E vimos um evento raríssimo: um arco-íris lunar. Ao chegar, havia seis coqueiros e uma casinha de seis por seis metros, que seria nosso lar pelos próximos dois meses. Ficamos lá em quatro pessoas, dominados pela natureza, sem banho de água doce por dois meses. A cada três semanas, chegava água e comida. A pesca era proibida. Fiambre de boi enlatado era a especialidade local. Você tinha que ser o senhor da própria vida, gerenciando água, comida e tudo mais. Isso dá um choque de humildade. Um lugar com 170 mil aves conversando dia e noite e dezenas de filhotes de dóceis tubarões na água, e você ali, no meio de uma das naturezas mais selvagens da linha do Equador.

Ele esteve em uma expedição semelhante no arquipélago de São Pedro e São Paulo, um conjunto de pequenas ilhotas situadas no Atlântico Equatorial, aproximadamente a 1.000 quilômetros a nordeste da costa do estado do Rio Grande do Norte, e quase a meio caminho entre o continente sul-americano e o continente africano. Essas ilhas representam um dos pontos mais isolados do Brasil.

— Eu estava trabalhando no laboratório, realizando um estudo sobre tubarões, mais especificamente, dissecando um tubarão para minha tese de mestrado, quando fui surpreendido por um convite inesperado. Um comitê interministerial administrado pela Marinha estava procurando uma equipe de pesquisadores para montar uma base de pesquisa e habitar um lugar que Charles Darwin havia considerado um dos lugares mais inóspitos do planeta. Eles planejavam montar uma base de pesquisa habitada e me convidaram para participar. Aceitei o convite imediatamente. Quando cheguei ao local, a primeira tarefa foi construir uma casa para morar, e em pouco tempo me vi puxando a cordinha e hasteando a bandeira do Brasil, simbolizando que aquele território, a última ilha do Atlântico, era brasileiro. A ilha principal tinha dimensões de cem metros por trinta, e o arquipélago todo tinha uma área equivalente a quatro campos de futebol, com aproximadamente dez ilhotas. A região oferecia mergulhos incríveis, com raias de até três metros de envergadura, tubarões-baleia, além do meu animal preferido, o tubarão-martelo.

No começo do ano passado, interrompemos nossos almoços em virtude de uma viagem na qual ele atravessaria de bicicleta o Marrocos e um pedaço do Saara pela Argélia, mas o próprio idealizador da viagem acabou desistindo poucos dias antes, quando meu colega já estava em Portugal, embarcando para Marrakesh. A viagem mudou de rumo, subindo o Caminho de Compostela português e seguindo para o frio da Normandia e da Bretanha, na França, a temperatura média de nove graus e garoa.

A viagem de bicicleta seguiu um roteiro que incluía Portugal, Espanha, França, Bélgica e Holanda. Sendo assim, enquanto eu estava em pleno verão brasileiro, observando as ondas do Pico da Cruz e outros destinos catarinenses, recebia fotos de estradas congelantes.

Vê que as escolhas e decisões são mesmo absolutamente particulares? Ocasionalmente eu perguntava para Lisandro:

— O que você está fazendo aí?

E às vezes recebia a resposta:

— É mesmo! O que eu estou fazendo aqui?

Para os interessados em viajar de bicicleta, aí vai um roteiro interessante. Ele já havia me contado uma viagem de oitenta dias de bicicleta, com 8.500 quilômetros.

Em abril de 2022, saiu do Estoril, em Portugal, e seguiu para Sagres, Gibraltar e Barcelona (Espanha); Arles e Nice (França); Mônaco, Genova, Milão e os Alpes Italianos; Ljubljana, Bled, Postojna (Eslovênia); Pula e Rovinj (Croácia); voltando para Trieste, na Itália. Em seguida, seguiu pelo litoral adriático da Itália até Brindisi, onde pegou um *ferry* para Dubrovnik (Croácia) e cruzou Montenegro e Albânia, antes de entrar em Corfu, na Grécia. Continuou pelo continente grego até Patras, onde pegou outro *ferry* para Veneza, na Itália. De lá, seguiu para Milão, entrou na fronteira suíça, voltou para Turim e atravessou os Alpes Italianos, entrando na França por Briançon, onde estava tendo a largada do famoso Tour de France. A jornada continuou atravessando os Alpes Franceses até chegar ao Mediterrâneo, indo até Sete e subindo para Bordeaux pelo Canal do Midi. Por fim, desceu até Biarritz, no País Basco Francês.

Desisti de saber quantas expedições já fez e para onde ele já foi... É impossível acompanhar o Lisandro.

O MOVIMENTO

O que dá sentido a tudo isso é observar as diversas formas de encarar e viver a vida. Às vezes nos sentimos confinados a um local sem nem ao menos perceber.

Meu amigo acredita que, assim como a natureza, a gente tem que estar em constante movimento, adaptação e evolução, em uma busca incessante de cultura, e que tudo tem sua fase e seu momento.

— As coisas não têm que ser melhores do que outras para serem boas. Muitos, por exemplo, podem achar minha vida diferente. Eu vejo algumas pessoas que tem uma vida muito mais estável, muito mais segura, confortável, confiável. Às vezes eu sinto falta disso. A gente vira escravo da liberdade, tudo que ameaça te prender te assusta. Parece ser destemido, mas a estabilidade e a rotina podem provocar o medo. Eu peguei firme o leme do barco da vida nas mãos, mas às vezes ele dá umas escapadas, e é natural que seja assim, porque aparecem muitas oportunidades. Mas sabe? Observe bem uma vida pautada pela segurança e pela estabilidade. Às vezes, pode não ser tão segura assim.

Esse conceito é muito interessante, porque costumo chamar a zona de conforto de zona de desconforto. Percebo que são muitos aqueles que encontram uma zona de conforto extremamente desconfortável, como um emprego gratificante financeiramente, mas destruidor, ou uma relação amorosa repleta de infelicidade.

Assim como Kauê, Lisandro também é carismático e generoso, e ambos observam com atenção as pessoas a sua volta. Entre os meus aprendizados com o colega que você conheceu neste capítulo, existe um que não foi sobre viagens nem sobre biologia ou natureza. Foi a importância de uma pergunta que ele costuma fazer: "Onde esta conversa vai dar?".

Pergunta simples e que muitos se esquecem de fazer. Não é tão difícil perceber o final de determinadas conversas, e perguntar a si ou aos outros simplifica assuntos complexos. O uso frequente dessa pergunta se harmoniza com a ideia de adaptar-se a situações em vez de enfrentá-las.

Em uma conversa dessas sobre filosofia de vida, ele enalteceu o termo "calejado". Curioso, não é? "Calejado" é um adjetivo que descreve algo ou alguém que possui calos, áreas endurecidas na pele devido ao atrito ou uso constante. É uma condição física que pode ser usada metaforicamente para descrever alguém que desenvolveu resistência ou insensibilidade emocional devido a experiências difíceis ou desafiadoras ao longo da vida.

Ele tem razão quando diz que uma pessoa pode ter idade e não ter experiência nenhuma:

— A vontade de desbravar me levou a morar em Noronha. A adaptação a viver com o que tem me facilitou a aguentar alguns trancos e me moldou mais forte. Meu jeito curioso me trouxe as amizades que eu tenho. Eu sou calejado, quero ser calejado de vivência, você pode ter idade e não ter experiência nenhuma.

Tenha você uma mão de pele grossa e calejada, ou fina e macia, deixo aqui seis perguntas para se fazer:

1. Será positivo entregar-me aos caminhos que me atraem e falam mais alto ao coração?

2. A vida é mesmo uma aventura?

3. Podem as coisas serem muito mais simples do que parecem?

4. Será que esqueci que sou um bicho e me afastei de minha natureza?

5. A vida é a alegria de pedalar livremente pelo planeta?

6. Tenho passado feliz pelos cenários por onde pedalei?

Pensar na vida como um passeio de bicicleta me deixa alegre. Seja um passeio na superfície do planeta ou um mergulho no fundo das águas. Neste exato momento, imagine quantas baleias estão decidindo se nadam para um lado ou para o outro. Quantos corações estão batendo no fundo do oceano? Milhões de golfinhos estão nadando e seus corações batendo ininterruptamente, dando uma demonstração impressionante do mundo no qual talvez tenhamos esquecido que estamos inseridos.

A incessante busca pela sobrevivência frequentemente consome toda a nossa atenção, um processo que transcende as diversas realidades socioeconômicas. Assim, descobrir o que verdadeiramente nos traz felicidade pode ser relegado a um plano inferior, sufocado pelas demandas imediatas e pelos desafios diários. No capítulo seguinte, exploraremos uma estratégia à prova de falhas para perseverar nesse caminho, mesmo quando nossos objetivos são diversos.

DESTAQUES PARA O PROTAGONISTA

1. O ser humano se esqueceu de que é um animal. Quando você observa os bichos em seus habitats, se lembra de que também é um animal, parte desse todo. A percepção de nossa conexão e o maravilhamento com o mundo natural podem tocar aspectos profundos da nossa existência.

2. Responda às seis perguntas: Será positivo entregar-me aos caminhos que me atraem e falam mais alto ao coração? A vida é mesmo uma aventura? Podem as coisas serem muito mais simples do que parecem? Será que esqueci que sou um bicho e me afastei de minha natureza? A vida é a alegria de pedalar livremente pelo planeta? Tenho passado feliz pelos cenários por onde pedalei?

3. A incessante busca pela sobrevivência frequentemente consome toda a nossa atenção, um processo que transcende as diversas realidades socioeconômicas. Assim, descobrir o que verdadeiramente nos traz felicidade pode ser relegado a um plano inferior, sufocado pelas demandas imediatas e pelos desafios diários.

*Relacionar-se com pessoas que se preocupam
com os outros faz de você uma delas.*

9

TENHA UM
posicionamento

SIMPLIFICAÇÃO

Como não me canso de dizer, escrevo como quem escreve a um amigo. Procuro fazer um fluxo de palavras que se parece com uma história, que mistura parte de minha vida passada, o momento presente na ilha de Florianópolis e nosso assunto central, o protagonismo.

Nesse sentido, trago personagens que compartilham não só suas rotinas e experiências adquiridas, mas também como deram um jeito de segurar o leme da vida nas mãos. Esse leme que, como disse Lisandro, "às vezes pode dar umas escapadas".

Tenho convicção de que todos nós podemos compartilhar experiências que auxiliem quem as escuta para que, assim, possam se beneficiar dos ensinamentos.

Existe uma frase popular que diz que "Uma pessoa ignorante pode escutar um sábio e não aprender nada, mas um sábio aprenderá ao escutar até mesmo uma pessoa ignorante". Essa lição nos oferece o livre-arbítrio de escutar e aprender com a experiência do outro ou, então, ficar preso em seu único ponto de vista. Isso passa pela percepção dos orientais de chamar a passagem do conhecimento "boca a boca" de "ouvido a ouvido".

Estamos preste a nos despedir, passando pelo penúltimo capítulo, momento em que espero que você já tenha tido muitos *insights* de como seguir o seu caminho e aproveitar a sua trajetória da melhor maneira possível.

Podemos usar estes instantes finais para dar mais uma enxadada no terreno, para preparar mais ainda um solo fértil para que você plante, cultive e colha os frutos. Será que podemos buscar a simplificação da simplificação? Buscar um extrato que abandone por um pequeno instante essa visão 3D dos caminhos do autoconhecimento e das camadas de nossa existência e comportamento?

Neste capítulo, vamos observar uma maneira simplificada de entender os elementos básicos do protagonismo: os três apoios.

Toda vez que abrimos a concessão para o resumo e a simplificação, há uma perda de profundidade. Mas confesso que em muitos aprendizados, entender um movimento simples ou um encurtamento de caminho me facilitou a entender o todo.

Toda atividade que envolve uma técnica de movimento, como o surfe ou o tênis, dançar, dirigir, nadar... Qualquer atividade física parte de uma posição inicial do corpo. Momento em que estamos em posição harmônica de apoio, o nosso ponto de partida.

E essa é uma dica muito quente para iniciar o aprendizado, algum ponto zero. Existem diversas palavras que podem ser utilizadas, poderíamos chamar de sugestões, orientações, recomendações, indicações, instruções, informações, toques, pistas, diretrizes, apontamentos, ideias, soluções, táticas, truques, macetes, *insights*, direções, guias, pilares, normas, regras...

De qualquer forma, vamos construir um tripé. Três elementos que identifiquei nas entrevistas que fiz perguntando o que é o protagonismo. Este é o assunto deste capítulo!

O trinômio que vou apresentar agora é um substrato daquilo que nos dá a posição de apoio básico para seguirmos aprendendo os outros movimentos: rotina, valores e recursos.

A rotina é a linha do tempo utilizado normalmente, o seu dia a dia. Como é o seu dia? Você acorda e encara seus afazeres diários, aquilo que chamamos de cotidiano. Esse cotidiano é prazeroso, ou seja, a maioria das atividades que você realiza, tanto profissionais quanto pessoais, te proporcionam grande satisfação? Esse é um cenário maravilhoso, concorda? Imagine ter uma lista de tarefas e sentir-se motivado e feliz ao olhá-la. Existe algo melhor que isso? Buscar uma rotina na qual a alegria e a satisfação estejam presentes torna você uma pessoa muito mais produtiva.

O oposto seria enfrentar uma lista de tarefas tediosas ou desmotivadoras. Pense no ambiente competitivo em que buscamos prosperidade: imagine dois competidores, um que encontra alegria no que faz e outro que se arrasta para cumprir seus compromissos. Qual deles você acha que alcançará a prosperidade?

Vivi uma história muito interessante sobre isso em Canoa Quebrada, quando decidi experimentar um voo de parapente. Se você não está familiarizado, parapente é um tipo de voo no qual você usa uma grande asa de tecido para planar no ar. Você fica sentado em um pequeno assento sob a asa e pode controlar a direção puxando as cordas. É um passeio pelos céus, apreciando a vista.

Certa vez, no Ceará, resolvi fazer um voo duplo sobrevoando a praia com uma perspectiva deslumbrante da natureza ao redor. A experiência era enriquecida pela beleza de Canoa Quebrada, com o vento fresco da região e o som hipnotizante das ondas quebrando. Confortavelmente acomodado na cadeirinha, estava sob os cuidados de um piloto extraordinário, cuja habilidade e confiança eram evidentes.

Durante o voo, descobri que o piloto tinha uma história fascinante: havia voado pela Europa, ensinado muitos aspirantes a pilotos, era fluente em inglês e já tinha vivido na Holanda, na Dinamarca e na Suécia. Sua irmã mais velha casou-se com um sueco quando ele ainda era jovem. Esse sueco, especialista em parapente, o levou para a Europa junto com a irmã, e assim ele se tornou um expert no assunto.

Então, comecei a questioná-lo se nunca teve o desejo de se estabelecer definitivamente em algum outro país. Em meio a essa conversa aérea, não pude resistir de perguntar sobre sua decisão de retornar ao Brasil e sobre seu propósito de vida. Sua resposta foi tão inesperada quanto profunda.

— Meu propósito de vida é estar de sunga. Você já reparou como sempre estamos felizes de sunga? Se você recordar os momentos em que esteve de sunga, na grande maioria das vezes foram momentos bons. Não foram?

Ele escolheu voltar para sua terra natal para viver uma vida simples, valorizando o calor e a liberdade de andar de sunga e sandálias, algo que lhe era precioso. Seu propósito era desfrutar da simplicidade e do conforto de seu ambiente, uma escolha que ressoava com felicidade e autenticidade. Essa revelação, tão singular durante nosso voo, foi um lembrete de que a felicidade muitas vezes reside em, simplesmente, observarmos o nosso dia a dia.

Mais tarde, já em casa, me peguei rindo sozinho me imaginado andando no aeroporto, ou fazendo palestras de sunga – acho que não seria possível.

Mas de fato o ensinamento do piloto deve ser levado a sério, porque é profundo. Observar o que te faz feliz nas vinte e quatro horas que vivemos diariamente e ampliar esses momentos ao máximo é um pilar muito importante para a alcançar a plenitude.

Em seguida, vem a questão dos valores. Nossos valores são os princípios e crenças fundamentais que orientam nossas atitudes, comportamentos e decisões no dia a dia. Eles funcionam como uma bússola interna, moldando a forma como interagimos com o mundo e com as pessoas ao nosso redor. Os valores podem abranger aspectos como integridade, respeito, responsabilidade, justiça, amor, liberdade, entre outros, e são influenciados por uma variedade de fatores, incluindo educação, cultura, experiências de vida e reflexões pessoais.

Os valores nos ajudam a definir o que é importante para nós e pelo que estamos dispostos a lutar. Eles formam a base de nossa identidade moral e ética, influenciando nossas ações, prioridades e objetivos de vida. Também moldam como nos relacionamos conosco. Embora os valores possam evoluir com novas experiências, mantêm um núcleo consistente que reflete nossa essência e o que consideramos mais significativo.

Sendo assim será muito importante respeitar os seus valores no exercício de suas funções. O que pode parecer inicialmente simples, às vezes pode ser balançado por escolhas que fazemos em bifurcações que a vida nos apresenta.

O terceiro pilar desse tripé é representado pelos recursos.

Você alcançou um posto que te presenteia com dias incríveis e se dedica a um ofício que reflete seus ideais mais profundos. Chegou o momento de refletir sobre a recompensa financeira pelo seu talento e esforço.

Esse aspecto crucial entra em cena quando se fala de carreira. Há quem valorize demais a busca por riqueza e bens, enquanto outros argumentam que isso não deveria ocupar um lugar tão central. São raras as vezes em que percebemos a ponderação sobre a importância deste aspecto. Vamos a um exemplo:

Paulo é professor de violão e passa as suas tardes dando aulas e aproveitando uma rotina agradável com seus alunos e estudos pessoais. O ensino da música é gratificante. A música é uma forma de comunicação universal que transcende barreiras linguísticas e culturais. Ao ensinar violão, o professor facilita essa forma de expressão, permitindo que os alunos encontrem a própria voz através da música. Isso pode ser particularmente gratificante ao testemunhar alunos usando a música para expressar emoções, contar histórias ou simplesmente encontrar alegria e satisfação no ato de tocar.

A relação professor-aluno na música muitas vezes se desenvolve para além de uma simples transmissão de conhecimento técnico. Professores de violão frequentemente se tornam mentores, influenciando positivamente o desenvolvimento pessoal e artístico de seus alunos. Ver um aluno crescer não só como músico, mas também como pessoa, pode ser uma das recompensas mais gratificantes da vida.

O fato é que na área de recursos, Paulo está insatisfeito. São anos de estudo e experiência profissional, e ele se sente mal remunerado pelo que faz. Apesar de possuir a quantidade de alunos que é capaz de ensinar, sente-se sempre preocupado com questões financeiras. Apesar de estar 100% conectado com os dois elementos do tripé, ele sente falta de um ganho maior com o seu trabalho.

É como se, na analogia da bicicleta, estivéssemos pedalando em uma estrada lisa e com uma paisagem maravilhosa, mas exaustos, esgotados fisicamente. Se fôssemos comparar a um automóvel, seria como andar com o ponteiro da gasolina na reserva o tempo todo, gerando ansiedade e expectativa de encher o tanque.

Quando olhamos para esse tripé, parece muito simplista – e de fato é. Mas há muitas pessoas que ainda relutam em entender que quando conseguimos focar com clareza os três elementos damos um passo importante para o equilíbrio.

Será que seríamos capazes de observar um outro tripé? Se você conversar como pessoas bem-sucedidas que estudaram modelos para buscar a prosperidade, será capaz de encontrar outras propostas.

Tenha sempre em mente o conceito da sunga, uma das mais diretas e rápidas concepções de objetivo de vida. Tenha certeza de que se conseguir moldar o seu cotidiano com uma agenda prazerosa, terá conseguido uma conquista que impulsionará as outras.

OUTRO TRIPÉ

Como já descrevi anteriormente, levo comigo um outro trinômio que é a minha bússola pessoal. É o tripé para desenvolver a minha estratégia e buscar meus objetivos.

Ele parte de um pressuposto de que os opostos são complementares, portanto, não se preocupa com a presença da ambiguidade dentro de suas diretrizes. É formado por três palavras: conhecimento, meditação e serviço.

O conhecimento a que me refiro aqui é o esforço em se compreender como indivíduo, dedicando parte de seu tempo a se entender através de estudos e aprendizados sobre o autoconhecimento. Seguir estudando sobre si e sobre o meio em que está inserido.

O aprendizado e a prática da meditação para se proteger do estresse causado pela agitação do dia a dia. A meditação está para mente assim como a movimentação está para o condicionamento físico.

E por fim, o serviço, ou o trabalho voluntário.

Recém-chegado em Santa Catarina, procurei me engajar ao trabalho voluntário e gratuito dedicado a causas sociais. E assim como os elos de uma corrente, fui apresentado a Rosana Baron, uma especialista em responsabilidade social que lideraria uma viagem pelo estado dentro do projeto Novos Caminhos, desenvolvido pela área de responsabilidade social da FIESC, no qual eu faria algumas palestras em eventos de encerramento de ano. Ela já havia feito viagens como essa muitas vezes e conhecia muito bem todo estado de Santa Catarina.

Rosana tem uma preciosa trajetória profissional focada no desenvolvimento e na capacitação de pessoas, com muitas histórias curiosas e interessantes para contar, abrangendo a área de articulação de comunidades e responsabilidade social.

Quando estava iniciando sua carreira, havia distâncias a serem percorridas entre a faculdade, o trabalho e o estágio. Era impossível estar em dois lugares ao mesmo tempo, havia uma equação em relação ao ir e vir que a impossibilitava de desenvolver um estágio específico.

Porém, ao verificar que havia uma comunidade atrás da escola do Senai, ela vislumbrou a possibilidade de cumprir os quesitos de seu estágio atraindo as pessoas da comunidade para o Senai. Esse foi o ponto de partida para desenvolver uma metodologia para montar um grupo de apoio local, percebendo a necessidade de identificar e separar as precariedades locais.

Ela explica que quando identificamos e separamos uma das precariedades podemos procurar aqueles que estão relacionados ao problema e aqueles que podem ajudar a resolver, ganhando foco no trabalho. Rosana também diz que é preciso fazer perguntas que possa dar uma resposta. Não é de grande utilidade fazer perguntas abertas porque as respostas serão diversas. Ouviremos de tudo.

— Não é possível reunir as pessoas e discutir tudo ao mesmo tempo. É claro que um local de vulnerabilidade apresentará muitas questões a serem atendidas. Devemos separá-las.

Perceba que esse conselho da metodologia serve também para o enfrentamento de questões pessoais. Quando passamos por dificuldades que a vida nos apresenta, nos vemos diante da necessidade de enfrentar alguns problemas simultaneamente. O transtorno causado pelo desequilíbrio nos deixa inaptos a separar assuntos e dilemas. Tudo que o indivíduo percebe é uma enxurrada de complicações. Assim, separá-las e enfrentá-las individualmente será a melhor solução.

Fiquei interessado em tirar dúvidas sobre a questão de pessoas que trabalham dedicadamente para superar alguma deficiência. Rosana já havia viajado por muitos estados brasileiros trabalhando com a capacitação de pessoas e, durante um tempo, especificamente com pessoas com deficiência.

Durante toda a vida eu percebi com perplexidade a batalha de algumas pessoas para se desenvolver em atividades em que há uma dificuldade física muito grande a ser enfrentada.

Entre nossas conversas, já havíamos passado por esses aspectos diversas vezes. Certa vez, viajávamos de carro em três pessoas: Rosana, Lucas Amorim, que trabalhava como seu assistente, e eu. As paisagens do estado e nossas conversas sobre nossas atividades tornavam o trajeto leve e agradável.

— Rosana, por que uma pessoa que tem uma deficiência nas pernas não decide pintar um quadro, tocar violão ou cantar?

— Porque ela quer correr! — ela me respondeu. — Essa pessoa foi lá, cantou, não curtiu e caiu fora, agora o que ela quer é correr, e isso é um grande passo. Nesses anos todos, o maior aprendizado é que realmente não há limites. Esqueça sua trajetória. Esqueça o que você considera. Se você quiser realmente aprender algo... Você vai! Descubra o que realmente vai te fazer feliz! Ouça os sinais! Se permita vivenciar as coisas. Passar por algumas outras. Fazer um monte delas.

Ela deu uma pausa, e então continuou.

— Por que um cego não vai cantar em vez de ser eletricista? Ele cantou e não curtiu, não deu alegria. Caiu fora o quanto antes. Ainda bem. Tem gente esperando acabar um ciclo para entrar em outro. E esse ciclo não acaba nunca. Sonhar é o que te impulsiona, e é crucial incorporar esses sonhos à sua rotina diária, expandindo os horizontes de conhecimento. Passei três anos estudando Contabilidade, mas foi um período marcado por profunda insatisfação. Enfrentei dificuldades para obter estágios e oportunidades de trabalho, parecia que as portas estavam sempre fechadas para mim. Diante dessa situação, decidi fazer uma mudança significativa: cancelei minha matrícula e me transferi para o curso de Pedagogia. Essa decisão marcou um ponto de virada total, pois rapidamente consegui um estágio, dando início a uma nova fase em minha jornada profissional. Claramente, meu caminho não era na contabilidade.

Eu estava atento ouvindo a história. Rosana prosseguiu:

— Às vezes, as pessoas podem se sentir atoladas, incapazes de dar o primeiro passo rumo à mudança, e quanto mais hesitam, mais parecem afundar nas próprias circunstâncias. Contudo, quando alguém encontra o seu caminho, as coisas começam a se alinhar e a acontecer de forma positiva. Há uma nuance importante no que diz respeito ao cuidado com o próprio eu *versus* o egoísmo: indivíduos que focam exclusivamente em si mesmos muitas vezes acham difícil se integrar e prosperar em um contexto social. Esse tipo de comportamento pode levar a uma sensação de isolamento e, por consequência, a uma felicidade diminuída. Baseado em minha própria percepção, tendo a acreditar que uma pessoa egoísta enfrenta desafios maiores para alcançar a verdadeira felicidade. Tudo se resume a se abrir para novas experiências e perspectivas; ao fazer isso, muitos se surpreendem com as transformações positivas que ocorrem em sua vida.

Rosana destaca uma conexão à qual devemos dar atenção especial, ao ilustrar a relação causal entre felicidade e o altruísmo. Ela enfatiza os efeitos positivos que o engajamento voluntário traz para a vida das pessoas.

— A existência de voluntários é motivada pelo desejo de algumas pessoas em prestar auxílio aos demais. Auxiliar traz benefícios significativos, como testemunhar a felicidade alheia, disseminar o próprio conhecimento e contribuir para transformações positivas no âmbito coletivo.

Aprendi que a decisão de ajudar os outros é na verdade um impulso na própria vida, abrir-se para o novo, deixar as coisas acontecerem, entender a força daquele conceito que ouvimos sempre – que diz que "o universo conspira" – e perceber que se relacionar com pessoas que se preocupam com os outros te faz uma delas.

Essa vontade é muito importante, daí vem o nome voluntariado, com origem no latim.

— Talvez uma deficiência que a gente não olhe é a falta de vontade ou de determinação. — Rosana chama a atenção e continua: — Uma pessoa pode não ter nada e ainda assim ser egoísta. O egoísmo não está relacionado com patrimônio ou poder aquisitivo. Por outro lado, não adianta você ser um milionário que patrocina uma ONG, mas não dá bom dia para os outros. A felicidade tem que estar em tudo que você faz, e se você conseguir ser feliz com a felicidade do outro, vai entender muita coisa.

Mais tarde combinamos de nos encontrarmos em Florianópolis, quando eu tive a felicidade de conhecer seu marido, Jairo. Eles haviam completado 31 anos de casados de um relacionamento que começou na festa de aniversário dele, quando fazia 15 anos, e se consolidou cinco anos mais tarde.

Ele me explicou algo interessante sobre essa protagonista:

— A Rosana tem muitas profissionais dentro dela. E mistura tudo que captou para fazer as coisas. A convivência com ela faz com que a gente atue diferente em tudo aquilo que fazemos.

Se você for seguir apenas uma das diretrizes apontadas neste livro, sugiro que siga esta: procure um espaço em que se sinta bem e onde possa oferecer seu trabalho voluntariamente a quem mais precisar dele. Garanto a você que muitas oportunidades de desenvolvimento – intelectual, social, espiritual e material – surgirão desse movimento.

O entendimento do protagonismo passa pela compreensão de que suas escolhas não são racionais, de que você não foi preparado para enfrentar o mundo que encontrou pela frente e que nossa existência deve ser digerida por percepções de camadas. Sendo assim, simplificar pode induzir a uma superficialidade que conduz ao engano, mas, por outro lado, simplificar nos obriga a dar nome aos elementos.

A simplificação faz com que pensemos em análise e síntese. Análise é como olhar para uma única árvore dentro de uma vasta floresta, focando detalhes específicos, como a textura de sua casca, a forma de suas folhas, ou o arranjo de seus galhos. Esse processo permite compreender a estrutura e a função de cada elemento da árvore, desde as raízes até a copa.

E, de outro ponto de vista, podemos olhar para um ecossistema e elencar tudo aquilo que conseguimos perceber nele: rios, insetos, aves, matas, árvores, solo, musgos, lagos. Em síntese, uma floresta.

Aqui onde moro atualmente, as noites proporcionam um céu muito estrelado e bonito de se ver nas dunas da praia. Nas noites de lua cheia, minha rua fica movimentada, cheia de pessoas que caminham pela trilha na restinga para ver o nascer do satélite dourado sobre o oceano. Nas noites de lua nova, quando a escuridão é total, a trilha fica um breu e é preciso alguma lanterna para andar com segurança. Mas é aí que as estrelas ficam mais reluzentes.

Depois de um tempo observando o infinito, é natural questionarmos o tamanho de nossa vida e até de nossos problemas – na maioria das vezes passageiros. Quando vejo estudos sobre células ou micro-organismos observados por microscópios ultra tecnológicos sempre me vem a lembrança das noites de estrelas.

Penso sobre o infinito na vastidão do universo, assim como na percepção de que sempre existirá algo que pode ser encontrado dentro de um elemento. Assim como as bonecas russas, uma dentro da outra. Assim somos nós, não é mesmo?

Também podemos nos abrir como pequenas caixas, mostrando, a cada abertura uma nova face, uma nova surpresa. A busca pelo sentido da vida ou propósito de vida às vezes pode estar em abrir as caixas e procurar dentro de si uma resposta. Ou talvez buscando a resposta fora de si, como nas estrelas ou no infinito do universo. Talvez na concepção do divino.

Mas quando observamos grandes mestres da sabedoria, eles estão sempre repetindo que o segredo está em ajudar o outro. Existe uma mensagem que permeia os ensinamentos de todos eles: que esse apoio ou olhar que se dá ao próximo é, na verdade, a única forma de apoiar a si mesmo, e que somos todos um só.

Um conceito nada fácil de compreender. Mas de fato o que seria do mundo se todos nós acordássemos com a missão de ajudar o outro? Chega a ser uma visão intrigante... Você abriria a porta de sua casa e encontraria uma multidão de pessoas procurando ajudá-lo... O que pensa disso?

DESTAQUES PARA O PROTAGONISTA

1. Vivemos em uma era contraditória, na qual a popularização da informação se choca com a superficialidade do conhecimento. A internet, esse vasto banco de dados digital, transformou-se no palco principal em que cada indivíduo, armado com um celular, uma conexão e uma plataforma pode se proclamar mestre de qualquer disciplina. Essa revolução na disseminação de informações nos conduz por um labirinto de dicas rápidas e soluções instantâneas, onde a profundidade do saber é frequentemente sacrificada no altar da conveniência.

2. O altruísmo é um motor poderoso em direção à plenitude. Uma pessoa egoísta enfrenta desafios maiores para alcançar a verdadeira felicidade. Tudo se resume a se abrir para novas experiências e perspectivas; ao fazer isso, muitos se surpreendem com as transformações positivas que ocorrem em sua vida.

3. A decisão de ajudar os outros é, na verdade, um impulso na própria vida de abrir-se para o novo, deixar as coisas acontecerem, entender o papel daquele conceito que ouvimos sempre – "o universo conspira" – e perceber que relacionar-se com pessoas que se preocupam com os outros te faz ser uma delas.

*Valorize a força de grandes
metas e pequenos passos.*

10
INÍCIO, MEIO E FIM

DESPEDIDA

Os capítulos finais de um livro são também uma despedida? Não um adeus, que parece ser uma despedida para sempre. É mais uma espécie de até logo mais.

Por outro lado, o momento vivido é algo que passa para sempre. É a famosa frase de Heráclito: "Não se pode entrar duas vezes no mesmo rio", até porque, aquele que entra já não será mais o mesmo. Heráclito de Éfeso viveu aproximadamente entre 535 a.C. e 475 a.C. e é conhecido por suas reflexões sobre a mudança e a impermanência, e essa frase reflete uma de suas ideias centrais.

Desde muitos anos antes de Heráclito, o homem vem refletindo sobre não deixar a vida escorrer por entre os dedos como a água. E agarrar-se à vida é agarrar-se ao momento presente. É estar cem por cento mergulhado naquilo que está fazendo, livre de lembranças do passado ou ansioso com os próximos passos que costumamos chamar de futuro.

O oposto disso é aquele que se sente entediado e ansioso diante das pressões do dia a dia, incapaz de estar no momento presente. Durante o trabalho, ele resolve suas tarefas com ansiedade, pensando apenas na partida de vôlei com os amigos no final da tarde. Seus pensamentos estão fixos na vontade de terminar o expediente e começar a jogar. Mais tarde, enquanto joga, ele sonha com o jantar que terá em um restaurante agradável. Durante o jantar, sua mente se ocupa com ideias para solucionar problemas do trabalho na manhã seguinte.

A vida dessa pessoa está escorrendo por entre os dedos.

Escolhi uma semana especial para escrever as últimas palavras, um momento em que cheguei de uma boa rodada de palestras. E viajar fazendo palestras é também uma enorme absorção de informações.

A chegada no aeroporto de Florianópolis ofereceu um incrível pôr do sol, daqueles que as nuvens acabam dando um espetáculo. Após a decida do sol no horizonte, a radiação de raios multicoloridos revelou centenas de tonalidades diferentes entre cor-de-rosa, vermelho e laranja, usando as nuvens como tela.

CIDADES

A palestra final da turnê havia sido para o Superior Tribunal Militar, em um dos centros de convenções mais bonitos em que já estive, o Centro Internacional de Convenções do Brasil, em Brasília.

O STM é responsável por julgar os crimes militares definidos em lei e por exercer jurisdição sobre os membros das Forças Armadas, incluindo o Exército, a Marinha e a Aeronáutica. Fundada em 1808, a Justiça Militar da União é a mais antiga do país, com mais de duzentos anos.

Antes disso, eu havia estado com a Blanver, empresa brasileira que atua no setor farmacêutico e de biotecnologia, conhecida por sua atuação em áreas terapêuticas importantes, incluindo o tratamento de doenças infecciosas. A convenção ocorrera em um hotel imponente na charmosa cidade de Embu das Artes, interior do estado de São Paulo, um grande centro de ateliês e artes plásticas.

Anteriormente, estive com a TMF Fertilizantes, especializada em análise, construção e manutenção da fertilidade do solo para nutrição das plantas. Uma organização mineira de ação nacional que promoveu seu encontro em Campinas. Ainda antes, estive no Centro Universitário para o Desenvolvimento do Alto Vale do Itajaí, em Rio do Sul – Santa Catarina. Esteve presente um público muito grande, de duas mil pessoas para uma única palestra na noite.

Uma comprovação de engajamento arrebatador do público acadêmico. A universidade promove diversas atividades de extensão e projetos comunitários, buscando integrar os alunos com a sociedade local e proporcionar uma formação mais abrangente e prática. E ainda estive na Federação das Indústrias do Estado do Ceará, que, como o nome já diz, representa e apoia o setor industrial no estado. O encontro foi em um belíssimo anfiteatro em Fortaleza.

Portanto o trajeto foi: Rio do Sul (SC) – Campinas (SP) – Embu das Artes (SP) – Fortaleza – Brasília – Florianópolis. Passar rapidamente assim por cidades tão distantes entre si e perceber os diferentes estilos de vida é também observar o grau de adaptabilidade de todos nós. Confirmar o orgulho que temos em qualquer local do mundo de sermos de onde somos e valorizar o ambiente em que crescemos.

Esse é um dos aspectos que demonstra claramente nossa justificação lógica imediata em defesa de nossos amores. Todos os lugares são dignos de nosso amor.

Saia de seu país e ouça pessoas de outras nacionalidades falando mal dele. Não interessa o que esteja sendo dito, você o defenderá, eu aposto. O mesmo acontece em nossos estados e municípios. Mais do que a lógica de perceber o que nosso lugar de origem tem de positivo, o amor que se instala pesa mais do que o pensamento lógico.

Quando fazemos essa passagem muito rápida por diversas regiões, percebemos o quanto o meio em que estamos inseridos define nossas atividades diárias e nossas possibilidades. Independentemente da questão cultural e regionalista, existe uma percepção mais sutil que está intimamente ligada com as nossas escolhas e busca de felicidade.

Somos como a água. Mas não uma água parada, uma água sem vida. E sim aquela água que espirra, que salta vibrante, que escorre em velocidade. Que é capaz de moldar-se a qualquer formato na garrafa. A adaptação faz parte de nossa natureza.

A sutileza dessa percepção está em observar nosso envolvimento em pequenos grupos nos quais muitas vezes passamos toda a vida. E esses grupos estão em atividade contínua, independentemente de seu olhar ou presença.

Enquanto você lê esta página, a cidade de Nova York se move freneticamente, com seus metrôs cheios de pessoas submersas em alegrias e preocupações pessoais. Em um mesmo banco do metrô estão sentadas quatro pessoas envolvidas em percepções de mundo e experiências completamente diversas. Sentaram-se, não se cumprimentaram, esperaram a chegada da estação e partiram.

Enquanto você segue lendo, mais quatro pessoas entraram no vagão e ocuparam o mesmo banco, nas mesmas condições, e em breve partirão.

Enquanto isso, alguém está preocupado dentro de um tanque na Ucrânia em Pripyat, vivendo as agruras da guerra.

Enquanto você lê este livro, um indígena rema lentamente pelo rio Jordão, no estado do Acre. Uma mulher passeia pensativa pelas ruas de Istambul dentro de sua burca. O atendente de uma loja em Medelín embala uma caixa de parafusos para entregar a seu cliente e amigo. Um veterinário observa com atenção a pata de um cavalo no hipódromo de Nakayama, localizado na cidade de Funabashi, na província de Chiba, próxima a Tóquio. A aeromoça pergunta se alguém prefere chá ou café, pensando em sua filha de 7 anos.

Assim somos nós.

NICHOS

Imagine que existe uma pessoa que dedicou toda a vida a uma atividade que você ou eu nem sequer sabemos que existe. Você tem feito isso também? Está se envolvendo em algum nicho específico?

Quando seguimos por esse caminho, passamos a acreditar que somos aquilo. "Eu sou assim, é isso que faço."

Podemos ser qualquer coisa? Ao nos compreendermos como sendo de um jeito ou de outro, limitamos nossas possibilidades a caminho do protagonismo ou simplesmente encontramos o nosso lugar?

Pessoas passam a vida toda saltando de paraquedas todos os dias, conversando sobre isso. Dando cursos, frequentando congressos, experimentando equipamentos, escrevendo artigos para revistas.

Outras passarão a vida inteira fazendo contas e organizando balanços em um escritório de contabilidade. Falarão sobre isso, frequentarão cursos e congressos, lerão livros e contabilizarão todos os dias.

Outro viverá em função do transporte de cargas e da logística.

Uma vida toda dedicada ao estudo do jogo de xadrez, nem um único dia da vida no qual o assunto seja outro.

Outro viverá em uma linha de montagem de calçados na cidade de Dongguan, localizada na província de Guangdong. Dois terços dos calçados do mundo são feitos por pessoas na China.

O que mais somos capazes de pensar? Volta e meia me pego nesse pensamento sobre as infinitas possibilidades que a vida nos dá e as infinitas oportunidades. Pensar no infinito particular é um jeito poético de perceber que cada pessoa tem dentro de si um mundo vasto e único.

Cada um de nós é um universo em miniatura, cheio de pensamentos, emoções, memórias e sonhos. Mesmo vivendo no mesmo mundo, cada indivíduo tem as próprias histórias e visões da vida. É como se cada pessoa fosse um microcosmo repleto de possibilidades.

Passei parte de minha vida envolvido em pequenos microcosmos que me atraíram por motivos desconhecidos. Anos e anos conversando, estudando e frequentando congressos sobre gravação de músicas, composição e mixagem. Passei a maior parte de minha vida dentro de um estúdio de som.

Por onde você tem passado a maior parte de sua vida? Onde gostaria de passar os próximos anos? Essas são perguntas importante para aguçar o senso de finitude, a percepção de que a gente pensa que tem muito tempo, mas não tem tanto tempo assim.

De repente, me pego em cima da moto seguindo ao encontro de meu amigo Renan e levo comigo uma raquete. Uma raquete? Será que já não joguei o suficiente? Já devo ter jogado o suficiente, mas esse "planeta-raquete" tende a me atrair mais uma vez, por motivos que desconheço.

QUEM É RENAN

A figura de Renan e seus 1.90 metros de altura é energética como a de todo atleta profissional. Ele me espera na porta e tem a habilidade de rapidamente reparar em algo e fazer um comentário em tom de brincadeira. Uma maneira particular de dar as boas-vindas. Inicialmente, eu buscava algo para responder a altura, mas hoje apenas recebo como uma demonstração de carinho.

Renan Dal Zotto é uma figura icônica no mundo do vôlei, reconhecido por suas conquistas extraordinárias ao longo de uma carreira brilhante. Em 2023, ele foi honrado com a inclusão no Hall da Fama do Comitê Olímpico Brasileiro, um testemunho de sua influência duradoura no esporte. Sua contribuição ao voleibol foi amplamente reconhecida em 2015, quando foi incluído no Hall da Fama do Voleibol Mundial. Além disso, em 2001, foi nomeado Jogador de Voleibol do Século XX, uma honra que reflete seu imenso significado.

Renan acumulou uma impressionante lista de títulos nacionais e internacionais. E também obteve sucesso no vôlei de praia, tornando-se campeão italiano. Mundialmente, ele foi vice-campeão olímpico em 1984 e foi eleito Melhor Jogador Sul-Americano em 1987, além de receber o prêmio de Melhor Atacante do Mundo em 1985, consolidando sua reputação como um dos maiores jogadores de voleibol de todos os tempos.

Após essa carreira fulminante como jogador, continuou acumulando conquistas como gestor e técnico, com desempenho tão vitorioso quanto aquele que obteve como atleta.

Dirigiu a Seleção Brasileira Masculina de vôlei de 2017 a 2023. Durante seu comando, a seleção conquistou o Campeonato Sul-Americano em 2017, 2019 e 2021; a Liga das Nações em 2021; a Copa do Mundo de Voleibol em 2019; e a medalha de ouro nos Jogos Pan-Americanos de 2019.

Se você tiver a possibilidade de jogar em parceria com ele, provavelmente terá uma performance acima de sua média. Ele o motivará, não criticará seus erros e dará boas ideias. Será muito firme nos momentos decisivos e estará totalmente concentrado no jogo e no placar.

Quando você titubear se deve ir ou não em uma bola, ele gritará: "Vaaaai!". E você irá! Mesmo se você não for, seu corpo irá sem você, se é que me entende.

Em meu livro *Comunicação e persuasão* escrevi um capítulo com o grande campeão Guga não sobre tênis, mas sobre o comportamento, sobre aquilo que praticamos em busca de nossos objetivos e aprendizados.

Profissionais do esporte, como o Guga e Renan, são fontes preciosas de conhecimento. Eles sabem coisas que só é possível aprender quando alcançado um estágio muito alto de desenvolvimento e raciocínio rápido. Um altíssimo aproveitamento nas tomadas de decisões, que, no caso do esporte, apresentam imediatamente a consequência da escolha feita no instante seguinte.

Essa consequência vai determinar muita coisa, como ganhar ou perder um título. Essa decisão levará à consagração ou à culpa, ao remorso e ao arrependimento; essa decisão levará a conviver para sempre com o sucesso ou o fracasso – e não é nada fácil conviver com estes dois impostores.

A decisão e a execução é no que eles se tornam especialistas! Pois bem, fica claro que temos muito que aprender com esses profissionais fora de série. É impressionante observar o volume, a densidade produtiva daqueles que são o número 1 do mundo naquilo que fazem.

Certa vez pedi ao Renan que me explicasse, com um exemplo simples, como ele faz para manter a motivação e o esforço nos treinamentos e também para "fazer as coisas acontecerem".

ESTADO INICIAL

Renan me explicou a importância de avaliar seu estado inicial ao definir uma meta de treinamento ou objetivo. Ele deu o exemplo de alguém que decide arrumar seu armário, algo que já sentia a necessidade de fazer há algum tempo. No dia seguinte, essa pessoa resolve adiar a tarefa mais uma vez, talvez desanimada pelo volume de trabalho.

Aquilo que pode ser uma tarefa simples para uns se apresenta complicada para outros, portanto seja capaz de criar uma analogia sobre aquilo que você está deixando para depois.

Renan sugere que a meta do dia seguinte seja arrumar só as gavetas, assim, a distância entre o estado inicial de inércia em relação a apenas arrumar as gavetas será menor. Ao sair da inércia, será bem mais fácil encarar um esforço compatível com a motivação real no momento presente.

Como diria Heráclito, ao terminar de arrumar as gavetas você não será mais a mesma pessoa.

Esse conselho é poderosíssimo, algo que pode parecer simples, mas que, se aplicado, faz um movimento de transformação na conquista de resultados. Arregaçar as mangas, dar o primeiro passo, estar em movimento. Começar a fazer o que deve ser feito.

O exemplo não poderia ser mais simples, e pode ser aplicado a necessidades de execução complexas. O caminho será sempre o mesmo. Você não resolve um problema olhando o resultado. A execução é o caminho para as transformações, e não apenas o pensamento estratégico ou o planejamento.

Perceba que ao se propor a arrumar apenas as gavetas, em pouco tempo vai se deparar com o armário todo arrumado.

Experimente implementar essa pequena norma para enfrentar seus compromissos de realização, só então você entenderá sua potência. Ao implementar, você verá que se funcionou para acertar uma cortada decisiva na final de um campeonato mundial, vai funcionar para você também.

Perguntei como seria no caso de uma equipe. Como motivar a todos quando percebemos elementos em diferentes estados?

Renan me explicou que o processo é também parecido, que temos que observar o ponto de partida e o ponto de chegada.

— É natural que haja uma variação no nível de energia de uma equipe. Mais uma vez darei um exemplo simples para que possamos pensar em analogias que funcionarão para gestores de qualquer atividade. Posso encontrar a equipe em um dia de aparente menor disposição (digo aparente porque de fato é o que aparenta, e não uma realidade absoluta), quando planejei fazer um treino forte de ataque e defesa que exigirá muito de todos os atletas.

Propor desde o início o treino planejado seria como propor a arrumação do armário inteiro. Então, mais uma vez voltamos às gavetas. Após o aquecimento, iniciamos uma troca de bola leve, focando em movimentos iniciais que, embora não exijam um alto nível de desempenho, são estimulantes. Gradualmente, introduzimos regras mínimas ao exercício, tornando-o mais organizado e direcionado a objetivos específicos.

Enquanto eu estava atento a tudo, ele continuou:

— À medida que avançamos, adicionamos uma contagem de pontos, transformando a atividade em um desafio competitivo. Em seguida, colocamos cones na quadra como alvos e marcações específicas, estabelecendo critérios mais rigorosos de desempenho. Esse processo gradual aquece o corpo e altera o mindset da equipe, naturalmente. Vemos uma equipe engajada, dando 100% na atividade proposta. A intensidade e o volume de jogo mudam completamente, preparando-nos para o treino de ataque e defesa de alto impacto planejado. Sem esse processo motivacional preparatório, propor um treino de alto impacto logo no início teria levado ao fracasso.

Quando pensamos na motivação do grupo, é muito importante que haja um ideal comum a todos. A palavra "todos" deve ser observada em seu sentido lato, ou seja, como os elos de uma corrente. Se um elemento não estiver comprometido com o ideal comum do grupo, o rompimento acontecerá. A diferença entre 100% e 90% é muito significativa nesse ponto de atenção. Em um grupo fechado, há uma percepção clara de que não há exceções. O comprometimento é, antes de mais nada, o objetivo individual de todos que fazem parte da equipe. O ideal comum demonstra que todos encontrarão ali aquilo que já buscavam individualmente. A força do grupo promove uma grande oportunidade para todos. E a partir do comprometimento do grupo, os resultados serão elevados a uma grande potência, tendendo a alcançar um nível de qualidade e intensidade inicialmente inimagináveis.

Os atletas de altíssimo desempenho costumam ser um ótimo exemplo de protagonistas. Claro que isso não vale para 100% dos casos, mas é comum que eles possuam as características citadas pelos entrevistados que vimos no primeiro capítulo.

Para relembrar, as respostas para a pergunta "O que é um protagonista?" são:

LÍDER: Assume o papel de liderança dentro de um grupo, sendo o primeiro a assumir as responsabilidades.

PIONEIRO: Relaciona-se com a capacidade de inovação, criatividade e estar à frente.

VISIONÁRIO: Não necessariamente cria ou inventa, mas reconhece e aproveita invenções e ideias criativas.

HERÓI: Corajoso, enfrenta adversidades sem se abalar, demonstrando segurança em momentos críticos.

VENCEDOR: Alguém que encontra caminhos para o sucesso, alcançando metas e conquistando resultados.

MUDANDO TUDO

Certa vez, Renan observou o saque de um jogador chinês nos jogos amistosos da China, e então percebeu que o sacador jogava a bola para dentro da quadra e invadia o espaço aéreo da quadra antes de sacar.

Os jogadores costumavam sacar com os pés plantados, ou apenas saltando para impulsionar o golpe. Mas esse que ali estava jogava a bola mais a frente e se projetava na quadra antes de golpear a bola.

Renan foi comentar com seu técnico sobre a manobra do chinês. Avaliaram que aquilo estava dentro das regras, desde que ele ocupasse apenas espaços aéreos ou seja, batesse na bola antes de pisar no chão.

E então aconteceu um diálogo que mudaria a história do vôlei em todo mundo.

— Mas então, se eu quiser eu posso vir correndo, jogar a bola lá para dentro da quadra, saltar e desferir um saque bem mais avançado, dentro da quadra?

— Se você conseguir... Sim, você pode fazer isso.

Após uma grande jornada de treinamento, durante o Campeonato Gaúcho o técnico permitiu que Renan disparasse a "viagem ao fundo do mar", como ficou conhecido seu saque, marcando doze pontos seguidos contra uma equipe surpreendida por um saque desferido de dentro da quadra e potente como nunca havia sido visto antes.

A continuação dessa história todos conhecem, e não há um único jogador profissional que saque de outra forma nos dias de hoje, em todas as quadras do mundo. Essa técnica não mudou apenas o fundamento "saque", mas sim toda estrutura de recebimento de saque e a formação tática do vôlei.

Um caminho sem volta para a evolução do esporte. O protagonista aparece nessa história pela capacidade analítica, observação da concorrência, percepção de oportunidade, disciplina de treinamento e execução com excelência.

OBJETIVO

Meses antes, conversando sobre a vida e trocando ideias, Renan me explicou o motivo de sua decisão ao encerrar seu ciclo vitorioso como técnico da Seleção Brasileira Masculina de vôlei.

A classificação para as Olimpíadas de 2024 em Paris veio após uma vitória espetacular frente o selecionado italiano no Maracanãzinho lotado.

O assunto esteve nos *trends* na internet e nas redes sociais. O excesso de exposição e o controle dos algoritmos provocam uma comoção em competições e permitem que qualquer pessoa se inscreva no debate.

Sendo assim, estar sob os holofotes e sendo julgado pelos critérios expostos nas redes pode não ser muito agradável ou salutar. Quando Renan comentou sua análise sobre esse aspecto de nossa sociedade atual, não havia um ressentimento ou rancor, mas uma percepção clara de que preferia traçar seu caminho, mantendo uma distância saudável de uma mídia que pode distorcer as coisas.

A opção de deixar a Seleção foi feita a partir da escolha de afastar-se de um envolvimento intenso com as redes sociais. "Que julgamento faremos sobre a influência das redes sociais no futuro?", ele pergunta.

De fato, o público comum não tem o menor conhecimento de como os algoritmos funcionam gerenciando toneladas de vídeos todos os dias. Os mais desinformados afirmarão ser capazes de explicar claramente, sem perceber quão superficial é o conhecimento que decoraram e repetem.

A grande lição que fica é a clareza na percepção dos objetivos mais elevados e a capacidade de manter o equilíbrio e a atenção nos reais interesses, naquilo que faz você se sentir bem. É o exemplo da liberdade para escolher nossos caminhos isentos de determinações pré-estabelecidas ou recompensas imediatas.

Apresar de receber convites para treinar seleções nacionais de outros países, Renan optou por seguir por enquanto com suas atividades profissionais pelo Brasil, entre elas suas palestras com alta conexão com o público que tratam sobre planejamento, estratégias, liderança, inovação, ousadia e sonhos.

Durante um período, estudamos juntos alguns caminhos que poderiam ser abordados em suas palestras, pois são muitas as possibilidades. Então pude conhecer histórias inesquecíveis, mas ainda estaria por vir uma das mais intensas: os três meses de internamento por covid-19.

Hospitalizado logo no início da pandemia, Renan sofreu complicações seríssimas, com 35 dias de UTI. Uma longa história. Deixou a cadeira de rodas em 5 de junho, e em 11 de julho já embarcou para as Olimpíadas de Tóquio.

Seis meses depois, já estava na quadra, jogando e motivando o parceiro. "Vaaaai!"

— Todas as pessoas têm uma história de vida interessante para contar. A história que vamos contar lá na frente está sendo escrita hoje. E o mais interessante é que a caneta está na nossa mão. Então, se eu puder dar um conselho: escreva uma baita história. O que seria uma baita história para você? Certamente, haverá variáveis que não conseguirá controlar. Situações inesperadas vão acontecer. Mas, sobre tudo aquilo que estiver no seu aparente âmbito de controle, pegue essa caneta e escreva uma super história que mostre o que você quer e o que está fazendo da sua vida. Se você não escrever a sua história, alguém vai escrever por você. Lá na frente, você pode pensar: "O que fizeram da minha vida?". Mas saiba que você tem o controle da caneta.

A convivência com Renan me faz bem. Nossa relação nos traz felicidade e é regida pelo movimento de uma corrente. Há oito anos, fiz uma palestra a convite de Fernando Pureza no Instituto Planejar em São Paulo. Foi ele quem me apresentou à empreendedora Annalisa Blando. Em uma das minhas visitas a Florianópolis, ela me convidou para uma palestra na Parmais, uma empresa especializada em gestão patrimonial, e outra em um coworking local. Assim, conheci seu marido, Renan Dal Zotto, com quem ela é casada desde 1988.

Naquele dia, falei para Renan que ficaria por pouco tempo na cidade, mas que gostaria de jogar beach tennis. Ele, então, me respondeu:

— Mas você sabe jogar alguma coisa?

DESTAQUES PARA O PROTAGONISTA

1. Observe o nicho em que está inserido, quais são suas atividades profissionais e de lazer que costuma fazer e nas quais está se tornando um especialista. Perceba há quanto tempo está envolvido e dedicando-se a tais atividades e compare sua situação atual com aquela em que gostaria de estar. Tenha clareza de onde pretende passar a próxima fase, se dedicando a quais atividades no campo profissional e pessoal. Lembre-se de que nenhuma pessoa exceto você estará atento ao seu destino.

2. A motivação pessoal reside em implementar metas próximas ao seu estado de partida. Divida seu objetivo em etapas e programe-se para executar apenas a primeira. Você não resolve um problema olhando o resultado. A execução é o caminho para as transformações, e não apenas o pensamento estratégico ou o planejamento.

3. O comprometimento de uma equipe é, antes de mais nada, o objetivo individual de todos que fazem parte dela. O ideal comum demonstra que todos encontrarão ali aquilo que já buscavam individualmente. A força do grupo transforma-se em uma grande oportunidade para todos.

Tudo está conectado.

11
APROVEITE A VIDA COM BRILHO NOS OLHOS

AS MANDALAS

Durante a nossa viagem por esses capítulos, você encontrou as imagens de mandalas.

A palavra tem origem no sânscrito e significa "círculo" ou "centro". São diagramas simbólicos que representam o universo.

Você encontrará mandalas em diversos campos esotéricos. Esoterismo é um termo usado para descrever um conjunto de conhecimentos, práticas e crenças que são considerados ocultos ou secretos. A um olhar desatento, podemos considerar aquilo que é oculto ou desconhecido como improvável. Mas, com um olhar atencioso, percebemos que ali pode residir as descobertas mais importantes.

Se observarmos as descobertas científicas e defendermos o que os cientistas afirmam, enfrentaremos um paradoxo insustentável, pois a evolução científica tem como característica desvendar mistérios e, portanto, modificar a visão científica existente. Assim, não será impossível defender a hipótese de que todo conceito científico está à espera de uma nova descoberta para se tornar possivelmente equivocado. É apenas uma questão de tempo.

Uma certeza do protagonista é de que o tempo vai passar e não esperará um momento oportuno para acontecer. O tempo simplesmente acontece e estamos dentro dele. A percepção de que aquilo que chamamos de vida, em seu sentido mais terreno possível tem um final, é o que chamamos de senso de finitude.

"Quando retiramos um peixe da água, em pouco tempo ele deixa de viver. A vida estava no peixe ou a vida estava na água? Nós também somos assim, se retiramos você apenas oito mil metros acima da superfície, a vida acabará. A vida estava em você ou a vida estava no ar?" (Ravi Shankar)

Mergulhar no protagonismo ficará mais fácil se aceitarmos a concepção de que a vida estava no ar. Que a vida está em todo o universo que nos rodeia e não consegue existir de maneira isolada.

Essa percepção de ausência de limite entre aquilo que somos, onde estamos e do que fazemos parte é o que possibilita a compreensão de preferirmos atender nossos amores e sentimentos em todas as nossas escolhas. Essas duas percepções podem formar a base para assumir o protagonismo, a certeza da finitude e a certeza de que somos animais emotivos, antes de racionais. Tal senso de unidade com o todo pode ser entendido por meio de camadas entre as quais estamos transitando o tempo todo.

Organizar o pensamento sobre o termo protagonismo, objeto de estudo e de palestras há dez anos, em momento nenhum me retirou da imersão do cotidiano. Enquanto escrevo, aqui no sul da ilha de Florianópolis, os macacos continuam pulando para lá e para cá, e as ondas continuam quebrando e fazendo o seu som característico.

E você? Onde está neste exato momento? Sentado na poltrona? Balançando na rede? Em uma cadeira de avião? Em qual parte do mundo? Em qual cidade? Seja como for, a cena seguirá seu fluxo e você será o protagonista. A situação de protagonismo é inexorável à existência individual.

Apesar de sabermos que estamos no planeta Terra, girando em volta do sol, e que o sistema solar, e até mesmo toda a Via Láctea, é insignificante diante da imensidão do universo, ainda olhamos através de nossas retinas e temos a impressão de que somos o centro de algo. Que tudo está girando, vivendo e acontecendo ao nosso redor.

Observamos a força do acaso, definimos o nosso destino, ponderamos sobre nossas crenças limitantes, percebemos que somos muito mais emocionais do que racionais, transitamos sobre a questão do pragmatismo, da organização de agendas, das conquistas objetivas de nosso dia a dia; entramos em detalhes sobre demandar tarefas e ganhar impulso com trabalhos em equipe. Passamos pelo conhecimento do corpo humano e o poder das nossas intenções. Analisamos o que precisamos para ser feliz e quando isso vai acontecer. Olhamos para a diversidade geográfica e para a lembrança de que somos animais. Observamos a importância da vontade e do olhar ao próximo como evolução, e não como boa vontade. Simplificamos processos de motivação e conquista de resultados.

O que não fizemos foi buscar exemplos mirabolantes e estratégias fulminantes. Toda organização de ideias obedece ao tempo e ao espaço em que me encontro inserido agora.

De fato, se você, querido leitor, se propuser a conversar sobre protagonismo com aqueles que o cercam, será surpreendido por tanto conhecimento que está a seu alcance. Foi isso que fiz e tenho feito.

Estamos inseridos em um mar de conhecimento maior do que precisamos ou somos capazes de internalizar. Escapar de pautas desinteressantes e agir dentro de seu âmbito de influência potencializa o protagonismo.

Se você gostou do que leu e não é um colecionador de livros, aceite a minha sugestão de dar este exemplar a quem possa se beneficiar do conteúdo. Acredito que você vai se lembrar dele muitas vezes quando estiver diante de questões do dia a dia.

A transição entre as camadas é a significação do movimento entre o mundo oculto e o aparente. Entre nossos pequenos desejos e conquistas do dia a dia e nossos desejos mais elevados. Entre nossas certezas e desconfianças. Entre aquilo que somos e aquilo que gostaríamos de ser. Entre aquilo que queremos e aquilo que simplesmente nos ilude.

Observar as mandalas estampadas nos capítulos provoca essa reflexão sobre a individualidade e o cosmos. E o ato pode ser comparado a essa luta constante de nosso dia a dia, narrada em escritos de muitos anos antes de Cristo, absolutamente iguais, com seus pequenos e grandes problemas.

Dentro desse ir e vir de perspectivas, o objetivo do livro foi muito mais o de oferecer ferramentas objetivas, práticas e de transformação pessoal, do que tratar sobre o oculto ou místico.

Depois de muitos anos absorvido completamente no universo musical, estou absorto no mundo do desenvolvimento de pessoas. Meu habitat natural passou a ser os ambientes de congressos que tratam os mais diversos assuntos. Essa experiência me deu a real perspectiva de que existem muitos mundos interdependentes e complexos, que se relacionam o tempo todo. Em todos eles, existe a busca pela paixão. Palavras como engajamento, comprometimento, envolvimento, dedicação, responsabilidade, integração, interesse, proatividade, empenho, adesão etc. não se comparam ao esforço e aos resultados alcançados por alguém apaixonado.

A diferença entre a paixão e todo o resto é que ela é aquilo que colocamos à frente, como critério fundamental de nossas decisões. Estamos transitando pelas paixões o tempo todo, percebe?

O objetivo do livro não é aquilo que foi escrito, nem as mensagens e histórias que chegaram até você, mas sim o que passou pela sua cabeça ao lê-lo. O que você pensou enquanto se comunicava comigo.

Minha intenção foi que o livro fosse um entretenimento prazeroso no momento da leitura, e não apenas um instrumento para te preparar para um tempo futuro.

Toda a nossa felicidade está no presente. Todos os problemas estão no passado ou no futuro. Tenha isso em mente.

É maravilhoso compreender a diversidade imensa de pessoas; desejos e formas de encarar a vida. Por isso, talvez a maior pergunta de todas seja: O que você tem desejado?

Todas as histórias, passagens e descrições, especialmente as narrativas do dia a dia, foram cuidadosamente pensadas para conduzir você por uma experiência profunda de evolução pessoal. A leitura do livro já é, por si só, um exercício completo que naturalmente transforma sua forma de pensar.

Não há dever de casa, nem tarefas a cumprir. A leitura já contém começo, meio e fim, promovendo um despertar na sua trajetória.

Entender o protagonismo é olhar para dentro e reconhecer que a mudança começa em nós. Que cada escolha, cada passo e cada desafio são oportunidades para moldar nosso destino.

Que este livro seja apenas o início de uma jornada contínua de autodescoberta e crescimento, na qual cada dia será uma nova página escrita com paixão e autenticidade.

A caneta está na sua mão.

Este livro foi composto em Radikal,
e impresso em papel Ivory Slim,
na gráfica Viena.

www.dvseditora.com.br